OUTDOORHANDBUCH

Band 87

Iris Kürschner

Montblanc-Rundweg TMB

DER WEG IST DAS ZIEL

Der Autor und der Verlag sind für Lesertips und Verbesserungen
(besonders als E-Mail oder auf Diskette)
unter Angabe der Auflagen- und Seitennummer dankbar.

Leser, deren Einsendung verwertet wird,
werden in der nächsten Ausgabe genannt
und erhalten als Dank ein Exemplar der neuen Auflage
oder ein anderes Buch ihrer Wahl aus dem Programm des Verlags.

OutdoorHandbuch aus der Reihe Der Weg ist das Ziel, Band 87

Montblanc-Rundweg - TMB

ISBN 3-89392-187-7, 1. Auflage 2000

® Outdoor ist eine eingetragene Marke für Bücher des Conrad Stein Verlags

Dieses OutdoorHandbuch wurde konzipiert und redaktionell erstellt vom
Conrad Stein Verlag, In der Mühle, 25821 Struckum
☎ 04671/931314, FAX 04671/931315
✎ <outdoor@tng.de> 💻 <http://outdoor.tng.de>
für die OutdoorHandbuch Stein KG, Struckum.

Unsere Bücher sind überall im Buchhandel und in cleveren Outdoorshops
in Deutschland, Österreich und der Schweiz erhältlich.
Auslieferung für den Buchhandel:
Ⓓ Prolit, Fernwald und alle Barsortimente,
ⒸⒽ AVA-buch 2000, Affoltern und Schweizer Buchzentrum.
Ⓐ freytag & berndt, Wien.

Text und Fotos: Iris Kürschner
Karten: André Höppner
Lektorat und Layout: Marion Malinowski
Gesamtherstellung: Breklumer Druckerei, 25821 Breklum

Von Iris Kürschner sind im Conrad Stein Verlag außerdem das ReiseHandbuch
Schweiz und das OutdoorHandbuch *Nepal: Annapurna* erschienen.

Dieses OutdoorHandbuch hat 125 Seiten mit 17 farbigen und 8 s/w Abbil-
dungen sowie 5 Kartenskizzen. Es wurde auf chlorfrei gebleichtem Papier
gedruckt und der größeren Strapazierfähigkeit wegen fadengeheftet.

001980009800

Inhalt

Montblanc-Rundweg TMB 63

Routenvarianten 107

Symbole

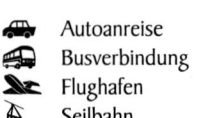 Autoanreise		🍴	Supermarkt
Busverbindung			Unterhaltung/Kino
Flughafen		✝	Kirche/Kapelle
Seilbahn		⌘	Museum
Sessellift			geöffnet...
Zugverbindung			Besichtigung
Hotel/Chalet			Wildpark
Refugio/Rifugio			Aussichtspunkt
Dusche			Abstecher
Zeltplatz		➲	Entfernung
Telefonnummer		⇔	Hin und zurück
FAX Faxnummer		⇧	Höhengewinn
E-Mail-Adresse		⇩	Höhenverlust
Homepage		▷	Variante
Vorwahl			Wanderstrecke
BANK Bank			Wettervorhersage
Gesundheit		⧗	Zeitbedarf
Information		📖	Buchtip
Post		☞	siehe...
Restaurant		☺	Tip
Schwimmbad		📷	Fototip
Tennis		🅐-🅕	Kartenanschluß

Kapiteltitel

S. 1: Der Klettersteig hinter der Felsnadel Aiguillette d'Argentière ist gut zu bewältigen

S. 2/3: Der Montblanc-Gipfel (4.810 m) in der Morgensonne

S.:10/11: Gemsen sind trittsichere Kletterer

S. 17: Der Combe Norte, ein alter Römerweg zur Refuge de la Balme

S. 30/31: Mit IPS durch Chamonix

S. 49: Das Maison Montagne in Chamonix

S. 62/62: Auf dem Weg zum Col de Seigne

S. 107: Die TMB führt durch das Hochtal der Alpe supérieure de la Lée-Blanche

Vorwort

"Wie eine Pyramide, von einem innern geheimnisvollen Lichte durchzogen", so hat Goethe am 4. November 1779 bei seiner nächtlichen Ankunft in Chamonix den Montblanc beschrieben. Bis heute hat sich daran nichts geändert.

Eine eigenartige Faszination geht von Europas höchstem Berg aus. Jeder, der das Montblanc-Massiv erblickt, ob aus der Tiefe des Tals oder von einem der vielen Aussichtspunkte, ist überwältigt von der Mächtigkeit und Kompaktheit des Gebirgstocks, von den aufragenden Felsnadeln, den luftigen Spitzen, den schlanken schwindelerregenden Felstürmen, den wild zerissenen Gletschern, die bis tief ins Tal fließen und eine Symphonie aus Fels und Eis bilden.

Hinter diesen vor 40 Millionen Jahren entstanden Bergen verbirgt sich eine Natur von überwältigendem Zauber. Wer diesen Zauber aufspüren möchte, begibt sich auf die Tour du Mont-Blanc (TMB), eine der schönsten und faszinierendsten aller Rundwanderungen Europas.

Und wer einmal die unglaubliche Farbpalette einer Morgendämmerung von einer der aussichtsreichen Refuges erlebt hat, versteht den Mythos Montblanc!

Danke

Mein besonderer Dank gilt den beiden Bergführern Serge und Ives von Cairn, dem "bureau des guides" in Les Carroz. Mit ihren Mulis haben sie mich rund um den Montblanc begleitet, und mit ihrem unschlagbaren Optimismus jedes schlechte Wetter ertragbar gemacht.

Außerdem ein Dankeschön an den Genfer Veranstalter transalp, sowie an Holger Riedel, der mir sein GPS zur Verfügung stellte.

Über die Autorin

Iris Kürschner lebt im Dreiländereck Deutschland-Schweiz-Frankreich und arbeitet seit mehreren Jahren als Reise- und Fotojournalistin für verschiedene Zeitschriften und Verlage.

Einleitung

Der Montblanc-Rundweg

Faszination Montblanc - seit es ihn gibt und solange es ihn geben wird! Viertausendachthundertzehn Höhenmeter Träume und Phantasien, die in den Köpfen vieler Bergsteiger herumspuken. Ob jung oder alt, Anfänger oder alter Hase. Und so treten sie sich Jahr für Jahr von April bis September dort oben auf die Füße. Verheißung und Erfüllung nur für extreme Hochalpinisten möglich?

Man muß den Berg der Berge, das Dach Europas, den Monarch, den König der Alpen nicht besteigen. Manchmal ist es schöner, ihn mit etwas Distanz zu betrachten. Und vor allem, man muß kein Bergsteiger sein. Nur Kondition und etwas Ausdauer sollte man mitbringen.

Auf den über 160 km markierten Wanderwegen der Tour du Mont-Blanc (TMB) kann der eisgepanzerte Gebirgsstock umrundet werden wie ein schönes Kunstwerk, das man auf einen freistehenden Sockel stellt, um es von allen Seiten zu bewundern. Und es ist immer wieder atemberaubend, wieviele verschiedene Gesichter des Monarchen man unterwegs entdecken kann.

Sie werden drei Länder berühren, können 13 Pässe überqueren, über 9.000 Höhenmeter im Aufstieg und etwa 8.000 Höhenmeter im Abstieg bewältigen, wenn Sie Lust auf das gewaltigste Naturerlebnis Europas haben:

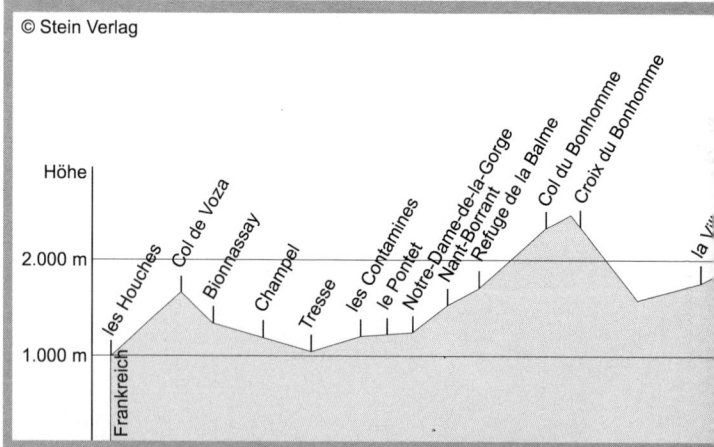

Einblicke in chaotische Gletscherbrüche, bizarre Felsnadeln, traumhaft gelegene Hochgebirgsseen, melancholisch stimmende Hochmoore, idyllische Wasserfälle, enge Schluchten, Möranen, Schuttkegel, Teppiche voller Alpenblumen, flinke Gemsen, in der Sonne dösende Steinböcke, urige Alphütten, unendliche Fernblicke... die Natur zeigt ihre vielfältige Schönheit, und... es hat sich herumgesprochen.

Der Drei-Länder-Weg rund um den Montblanc ist für Weitwanderer ebenso zum Klassiker geworden wie der Aufstieg auf den Gipfel für Bergsteiger. Weil die Route seither stark frequentiert ist, wurden zusätzlich zum Normalweg unzählige Varianten angelegt, auf die in den einzelnen Etappen verwiesen wird. Wer die Abgeschiedenheit liebt, sollte den Rundweg von Mitte Juli bis Mitte August meiden, um seine Wanderung relativ unbehelligt genießen zu können.

Auf Veranlassung der Alliance Internationale de Tourisme wurde der Montblanc-Rundwanderweg 1951 mit Hilfe der Touring-Clubs durchgehend markiert. Der italienische Alpenclub ließ sogar eigens aus diesem Anlaß als zusätzlichen Stützpunkt das Rifugio Elisabetta Soldini bauen. Da die Abkürzung **TMB** für die **Tour du Mont-Blanc** mittlerweile zu einem eigenständigen Begriff geworden ist und viele der gelben Wegweiser dieses Kürzel tragen, habe auch ich diese Bezeichnung im Text übernommen.

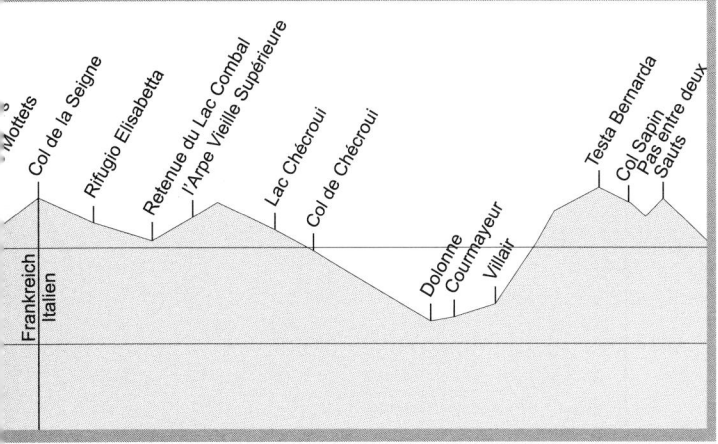

In welche Richtung Sie die TMB laufen und wo Sie in die Umrundung einsteigen, spielt im Grunde keine Rolle. Die Mehrzahl der Wanderer beginnt in **Les Houches** und läuft gegen den Uhrzeigersinn. Langgezogene Täler wie das **Val Veni** und das **Val Ferret** werden häufig mit dem Bus abgekürzt.

Faszinierende Hochgebirgsszenerien wechseln ab mit lieblichen Tal- und Panoramawegen. Wenn man die TMB nach den gewaltigsten Landschaftseindrücken einteilen müßte, könnte man sagen, daß der spektakulärste Teil zwischen **Chamonix** und dem **Grand Col Ferret** sowie zwischen **Champex**, dem **Fenêtre d'Arpette** und dem **Col de Forclaz** liegt. Der verbleibende Rest fällt unter die Kategorie: beschauliche Tal- und Panorama-Genußtour.

Was der einzelne als eindrücklich empfindet, ist letztendlich Geschmacksache. Wobei das Wetter, die eigene Laune und die Stimmung der eventuell begleitenden Wanderkollegen die Beurteilung sicherlich stark beeinflussen. Mir hat der Part zwischen **Col de la Seigne** und dem **Grand Col Ferret**, sowie der Übergang durch das Fenêtre d'Arpette am meisten den Atem geraubt, und das nicht etwa wegen mangelnder Kondition.

Wieso 12 Tage Rundwanderung? Manche werden da vielleicht lachen und denken "ich habe die Tour in 7 Tagen geschafft". Doch so gut wie alle, die die

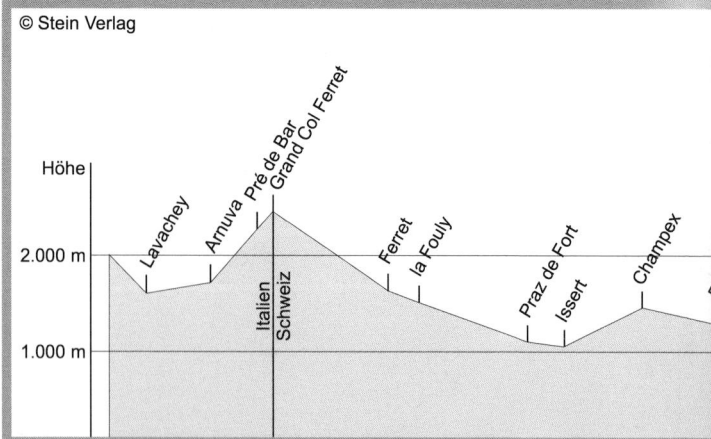

Umrundung in weniger als 10 bis 12 Tagen bewältigten, haben Teilabschnitte mit öffentlichen Verkehrsmitteln zurückgelegt. Das fängt meist schon auf der 1. Etappe an, indem der Aufstieg von **Les Houches** bis **Bellevue** mit der Seilbahn überwunden wird. Beliebt unter den TMB-Wandervögeln ist auch die Zuhilfenahme des Busses durch das **Val Veni** und **Val Ferret**.

Die 12 Etappen beschreiben die gesamte Umrundung zu Fuß, wobei jeweils auf Abkürzungen durch öffentliche Verkehrsmittel sowie auf alternative Wandermöglichkeiten hingewiesen wird.

Zeitproblem

Wer sich nur wenige Tage Zeit nehmen kann, hat viele Möglichkeiten. An praktisch allen Etappenzielen ist ein "Zurück in die Zivilisation" möglich. Die meisten Etappen können in Tagesausflügen bewältigt werden. Bester Ausgangspunkt ist Chamonix, aber auch Courmayeur auf der italienischen Seite.

☺ Für Tagesausflügler empfiehlt sich der Rother Wanderführer "Rund um den Montblanc" (☞ Literatur), in dem 50 ausgewählte Halbtages- und Tageswanderungen vorgestellt werden.

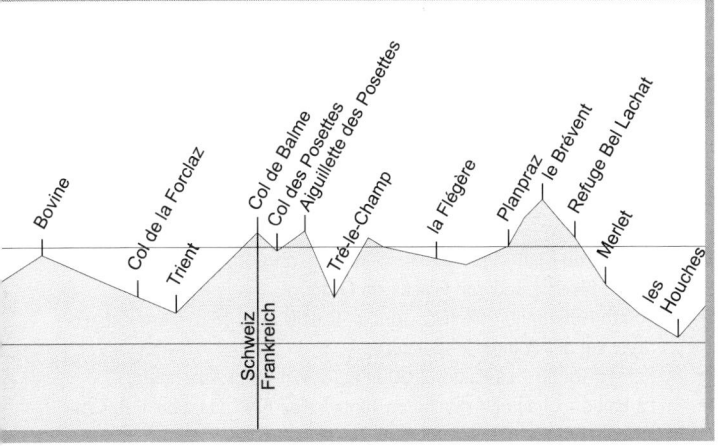

Kleine Montblanc-Rundtour

Wanderer mit guter Kondition können sich die Kleine Montblanc-Rundwanderung vornehmen. Diese etwas anstrengende Tour erschließt in 4 Tagen einen großen Teil des Montblanc-Massivs.

Tag 1 Les Contamines - Col du Bonhomme - Les Chapieux
Tag 2 Les Chapieux - Ville des Glaciers - Col de la Seigne - Rifugio Elisabetta
Tag 3 Rifugio Elisabetta - Colle Checrouit - Courmayeur
Tag 4 Courmayeur - La Palud - Überquerung der Montblancgruppe mit der
      Seilbahn bis Chamonix

🚌   Busverbindung zum Ausgangspunkt **Les Contamines**. Zwischen Les Chapieux und Ville des Glaciers sowie im Val Veni zwischen Chalet du Miage und Courmayeur kann mit dem Bus abgekürzt werden.

🚠   Ob bequem veranlagt oder nicht, die Überquerung der Montblancgruppe per Seilbahn von Chamonix oder umgekehrt von La Palud auf der italienischen Seite des Montblanctunnels ist in jedem Fall ein unvergeßliches Erlebnis. Voraussetzung ist gutes Wetter.

Leider ist es ziemlich kostspielig. Die Fahrt von Chamonix bis zur Aiguille du Midi kostet allein FF 169 (ca. DM 55). Hinzu kommt daß die schnelle Überwindung dieser enormen Höhenunterschiede Kreislaufprobleme verursachen kann. Vermeiden sollte man deshalb überstürzte Bewegungen beim Ein- und Aussteigen oder beim Treppensteigen.

▶   Chamonix - Plan de l'Aiguille. ⇕ 1.300 m, 9 Min.
     Plan de l'Aiguille - Piton Nord de l'Aiguille du Midi. ⇕ 1.500 m, 8 Min.

▶   Piton Central de l'Aiguille du Midi (Aufzug zur Aussichtsterrasse), ⇕ 65 m.

▶   Aiguille du Midi - Pointe Helbronner. ⇕ 1.300 m, 35 Min. (über das Vallée Blanche und den Glacier du Géant).

▶   Pointe Helbronner - Refuge Torino. ⇕ 100 m, 3 Min. (Aussichtsterrasse auf der Pointe Helbronner).

▶   Refuge Torino - La Palud. 2.000 m, 15 Min (zwei Abschnitte).

▶   La Palud - Chamonix durch den Tunnel, 🚌 (☞ Etappen 1-4, Chamonix).

Wissenswertes über die Region

Geografie & Geologie

Die **Alpen** ziehen sich in einem großen Bogen vom Golf von Genua nach Westen und Norden, dann weiter nach Osten bis Österreich und nach Slowenien hinein. Sie erreichen eine Länge von 1.200 km.

Der französische Teil des Gebirges erstreckt sich über 270 km vom Genfer See bis ans Mittelmeer bei Nizza. Die höchste Erhebung, der 4.810 m hohe **Montblanc**, liegt in den zentralen Hochalpen.

Weil die Alpen "erst" im Tertiär (Erdneuzeit) entstanden sind, ungefähr zur gleichen Zeit wie der Himalaya und die Pyrenäen, spricht man von einem "jungen" Gebirge. Vor 30 oder 40 Mio Jahren soll die Alpenkette bei einer gigantischen Kollision zwischen dem europäischen und afrikanischen Kontinent entstanden sein. Die verschiedenen Gesteinsschichten wurden dabei nicht nur kompliziert gefaltet und ineinandergeschoben, sondern zugleich auch angehoben. Diese Auffaltung hat das formenreichste Gebirge Europas entstehen lassen, und der Höhepunkt an Formenvielfalt gipfelt im Montblanc-Massiv.

Seit der Entstehung hat das Wasser das Gestein unaufhörlich weiter modelliert und mit Höhlen, Abgründen, Schluchten, rundem, eckigem, spitzem Fels, eine gewaltige Bildhauerarbeit geleistet.

Die Eismassen der Gletscher arbeiten wie mächtige Hobel Mulden in die Landschaft, weiten Täler aus und schleifen Hügel ab. Dieser Prozeß begann im Quartär. Vor 2 Mio Jahren kühlte sich die Erdatmosphäre derart ab, daß sich im Laufe der vier aufeinanderfolgenden Eiszeiten eine dicke Eisschicht über die Alpen legte.

Wo heute Chamonix liegt, soll die Eisdecke während der letzten Eiszeit vor 10.000 Jahren bis zu 1.000 m betragen haben.

Nach dem Ende der Eiszeit schmolzen viele Gletscher und es bildeten sich reißende Flüsse, die das Gebirgsrelief weiter bearbeiteten. Sie gruben tiefe Furchen und schufen sog. Klamme, eindrucksvolle, enge Schluchten wie z.B. die der Diosaz bei Servoz.

Nach wie vor befindet sich in den **Savoyer Alpen** die größte Vergletscherung. Ein Drittel des Montblanc-Massivs, dessen Oberfläche 645 km^2

umfaßt, ist vergletschert. Hauptursache sind die großen Niederschlagsmengen sowie die enormen Höhen. Der **Argentière**- und der **Bossonsgletscher** sowie das *Mer de Glace*, das **Eismeer**, sind typische Talgletscher. Sie beginnen mit einem Firnfeld, in dem sich der Schnee ansammelt und durch Druck in Eis verwandelt.

Es folgt die von zumeist radialen Spalten durchzogene Gletscherzunge. Da Eis nicht elastisch genug ist, um sich ganz an die Oberfläche des Felsbettes anzuschmiegen, reißen in stark abschüssigem Gelände Querspalten auf, in deren Umgebung Eisbrüche entstehen und die Gletscheroberfläche sich in Eis- und Firnzacken, sog. *Séracs*, zerstückelt. Diese durch die Steilheit der Gletscher verursachte Sérac- und Spaltenbildung sowie das Hinabfließen bis weit ins Tal hinunter ist sicherlich das eindrucksvollste im Montblanc- Massiv.

Durch Unfälle hat man festgestellt, daß sich die Gletscher bewegen. So fand sich eine Leiche, die in den Firnblöcken des Géant zurückgeblieben war, 44 Jahre später 4 km talabwärts wieder.

Die geschätzte Durchschnittsgeschwindigkeit beträgt 100 m pro Jahr. Wie die Strömung eines Flusses gleitet das Eis nicht gleichmäßig voran, sondern wird bei Steilstufen schneller und kann eine Geschwindigkeit von 930 m pro Jahr erreichen. Durch die Fortbewegung werden Gesteinstrümmer mitgerissen, die Moränen bilden und oft Seen aufstauen.

Durch die Erwärmung der Erdoberfläche nimmt seit Beginn des 20. Jahrhunderts der Umfang der Gletscher immer stärker ab. Ursprünglich hatten sich drei Gletscher zum Eismeer zusammengeschlossen: der **Leschauxgletscher** am Fuß der **Grandes Jorasses**, der **Géantgletscher** mit dem Weißen Tal (*Vallée Blanche*), dem **Taculgletscher**, und der **Talèfgletscher**. Letzterer hat sich in den 50er Jahren vom Eismeer getrennt.

Trotzdem zählt das Eismeer mit 14 km Länge noch immer zum längsten Gletscher der Alpen. Doch es schmilzt weiter: der durchschnittliche Gletscherschwund beträgt 7,5 m im Jahr, die steilen Gletscher ziehen sich jährlich bis zu 14 m zurück. Der **Argentièregletscher** ist zwischen 1860 und 1999 um mehr als 600 m zurückgegangen.

Und es kommt noch schlimmer. Nicht nur die Gletscher gehen zurück, der Monarch beginnt auch noch abzubröckeln. Das Dach Europas ist nicht mehr stabil. Durch zahlreiche Bergstürze rutscht dem Massiv immer mehr der Sockel weg, wie 1997 auf der Ostseite am Brenvasporn. Im September des gleichen Jahres ist am spitzen Dreieck des **Petit Dru** ein großer Teil der Westwand abgebrochen. Auch am **Col du Midi** hat sich das Felsfundament bewegt, gesenkt und verschoben. Das dortige Refuge Cosmique mußte wegen zu starker Schräglage schließen, ebenso eine Biwakhütte nahe der Brenvawand.

Durch zunehmenden Steinschlag und Bergstürze können viele Routen gar nicht mehr begangen werden. Natürlich hat es schon immer Bergstürze gegeben, aber niemals in dieser Häufigkeit. Statistisch gesehen treten "normale" Bergstürze (Bergsturz = Felsabbruch von mehr als 1 Mio m^3) in den Alpen etwa alle 30 Jahre auf. Geologen führen dieses Phänomen auf die seit 1980 in den Alpen beobachtete starke Erwärmung zurück, die zur Auflösung des Permafrostes führt. Die Null-Grad-Grenze steigt immer höher. Eis, das die Flanken und Schuttmassen zusammengehalten hat, schmilzt zusehends. Durch Wasseransammlung in den Hohlräumen des Permafrostbereiches bildet sich starker Druck, der explosionsartig Bergstürze auslösen kann.

Das Montblanc-Massiv mit einer Länge von 50 km und einer Breite von maximal 15 km bezaubert vor allem auch durch die Wildheit seiner bizarren Fels- und Eisabstürze, die aus magmatischem Gestein wie Basalt und Granit bestehen.

Das **Arvetal**, das **Val Veni** und das **Val Ferret** bilden die natürlichen Grenzen im Westen und Osten. Das **Val d'Entremont** grenzt die Montblanc-Gruppe zu den **Walliser Alpen** nach Norden hin ab. Weniger ausgeprägt ist die Südbegrenzung. In der südwestlichen Verlängerung des Val Veni zieht sie sich über den **Col de la Seigne** ins **Val des Glaciers** bis **Chapieux**, führt dann über den **Col du Bonhomme** nach **Les Contamines**, um hinter **St-Gervais** wieder auf das Arvetal zu stoßen.

Grundverschieden sind die Gesichter des Gebirgsblocks von Norden und von Süden. Die **französische Seite** des Massivs zeigt sich majestätisch. Gletscherströme fließen in arktischer Größe und Schönheit bis weit ins Tal. Aus ihnen ragen phantastische Nadeln, die in aufeinanderfolgenden Schultern und Aufschwüngen gen Himmel zeigen. Die Eismassen wirken geheimnisvoll und üben eine merkwürdige Faszination aus. Man kann gut nachvollziehen, daß sie früher nur Furcht und Schrecken einflößten, aber heute, nachdem sie voll erschlossen sind, beeindrucken, überraschen und entzücken sie den Betrachter.

Die **italienische Seite** beeindruckt durch ihre wildzerrissene Steilheit. Über dem Val Ferret im Nordosten und dem Val Veni im Südwesten erhebt sich plötzlich und mit Urkraft eine Felsmauer aus Granitgestein, die sich in gewaltigen Aufschwüngen und Pfeilern empor bis zum Schnee der Gipfelwächten erstreckt. Gletscher, von Steinschlägen und Bergstürzen übersät, flankiert von Steilwänden und eingezwängt zwischen zersägten Felsgraten, stürzen ins Tal.

Während sich der Montblanc auf der französischen Seite im Hintergrund hält, steht er auf der italienischen ganz im Vordergrund.

Die **schweizerische Seite** ist lieblich, gekennzeichnet durch idyllische Almen und bewaldete Talböden, die Gipfel sind weniger imposant, weniger erdrückend. Betrachtet man die politischen Grenzverhältnisse genauer, so gehört die gesamte Nordseite, auch die Gipfelkuppe des Montblanc, zu Frankreich.

Die Südseite befindet sich erst seit 1860 auf italienischem Territorium, was die vielen französischen Orts- und Bergnamen im Tal von Courmayeur erklärt.

Zur Schweiz gehört ein relativ bescheidenes Gebiet im östlichen Teil des Gebirgsstocks. Die Grenzen aller drei Länder treffen sich auf dem Gipfel des Mont Dolent.

Flora

Wer sich für Botanik interessiert, erkennt beim Aufstieg schnell, daß in den Bergregionen die Zeit langsamer geht. Blumen, die in den Bergtälern bereits verblüht sind, zeigen noch ihre ganze Blütenpracht auf 1.000 m Höhe.

Je höher man steigt, desto stärker verändert sich die Vegetation. Der **Bergwald**, je nach Region dominieren Buchen, Tannen oder Föhren, wechselt langsam in einen **subalpinen Wald** über. Dieser besteht aus Zirbel- und Bergkiefern oder Lärchen.

Die **Lärche** ist der einzige Nadelbaum, der seine Nadeln im Herbst verliert. Doch bevor sie ihr Kleid ablegt, färbt es sich in ein leuchtendes Gold, was den besonderen Reiz einer Herbstwanderung ausmacht (z.B. im Val Veni und Val Ferret). Lärchen gedeihen vor allem an Südhängen der Hochgebirgszonen, den sogenannten "trockenen Alpen" (*Alpes sèches*). Die lichten Zweige lassen das Sonnenlicht durch, so daß Gras unter den Bäumen wachsen kann.

Die **Blumen** aus dem Flachland verschwinden allmählich und machen den **Orophyten** (= Bergpflanzen) Platz. Einige, wie das orangerote Habichtskraut oder die Purpurdistel, sind im ganzen Alpengebiet zu finden, andere sind auf gewisse Regionen beschränkt.

Unter Alpenflora versteht man im allgemeinen Pflanzen, die oberhalb der Baumgrenze (etwa bei 2.200 m) gedeihen. Allerdings hat der Eingriff des Menschen viele der natürlichen Gegebenheiten verändert. So wurde zum Beispiel die Waldgrenze an vielen Stellen durch die Schaffung von Weiden künstlich abgesenkt.

So verschieden die Alpenflora auch ist, die Pflanzen haben ein wesentliches gemeinsames Merkmal: sie sind von niedrigem Wuchs, bilden Polster, flache Rosetten und die Zweige kleiner Sträucher halten sich dicht am Boden. Stengel und Blätter sind klein, die Blüte dagegen umso aufsehenerregender.

Viele der Bergpflanzen sind oft mit einer Fülle von leuchtenden Blüten bedeckt, was durch die intensive Lichteinstrahlung mit hohem Ultraviolettanteil bedingt ist. Wohl keine Blume aus dem Tal kann es mit dem Blau des **Enzians** aufnehmen. Auch nicht mit dem Purpur des **Alpensüßklees** (*Hedysanum hedysaroides*) oder dem Rosarot der **Alpenrose**. Starke Behaarung schützt vor zu heftiger Sonneneinstrahlung und Wasserverlust; die Dickblättrigkeit sichert die Stabilität des Wasserhaushaltes.

Noch viele andere Faktoren spielen bei der Alpenflora eine Rolle: Sonneneinstrahlung, Mikroklima, Bodenbeschaffenheit, etc. Manche Pflanzen gedeihen nur auf kalkhaltigem, andere nur auf silikatreichem Boden. Oder sie müssen sich an die Temperatur anpassen, die pro 100 Höhenmeter etwa um ein halbes Grad sinkt. Ein halbes Grad weniger heißt eine Woche kürzere

Pflanzenwuchszeit. Während die Wachstumszeit auf 500 m Höhe ungefähr 210 Tage beträgt, haben die Pflanzen in alpiner Höhe kaum zwei Monate Zeit, um ihren Entwicklungszyklus durchzumachen.

Manche Pflanzen haben gelernt, ihre Vegetationszeit zu verlängern, indem sie unter der Schneedecke weiterleben. Dieser Deckmantel schützt sie vor Frost, läßt aber gleichzeitig Licht durch.

Tatsächlich stammt ein Großteil der vielfältigen Alpenflora aus anderen Regionen, z.B. die Flockenblume aus dem Flachland und den Mittelgebirgen, Nelken und Narzissen aus dem Mittelmeerraum, Edelweiß und Primeln aus Asien, ja sogar Hahnenfuß und Island-Mohn aus der Arktis. Einige einheimische Pflanzen haben die Eiszeit überlebt, wie Akelei und Baldrian.

In einer Zeit, wo der Mensch seine Umwelt immer stärker belastet, sind einige der Pflanzengattungen vom Aussterben bedroht: Alpen-Anemone (*Anemona alpina*, Mai-Juli), Alpen-Mannstreu (*Eryngium alpinum*, Juli/Aug.), Edelweiß (*Leontopodium alpinum*, Juli-Sept.), Stengelloser Enzian (*Gentiana acaulis*, Mai-Aug.), Feuerlilie (*Lilium bulbiferum*, Juni/Juli), Türkenbund (*Lilium martagon*, Juni-Aug.), Rosarote Alpenrose (*Rhododendron ferrugineum*, Juli/Aug.). Sie zu pflücken wäre fatal!

Unterwegs auf der TMB entdeckt man viele eßbare Pflanzen, z.B ganze Wiesen mit Weidenröschen (oder Sankt-Antons-Lorbeer), mit denen man seinen Speisezettel aufwerten kann.

📖   Eßbare Wildpflanzen, OutdoorHandbuch Basiswissen für Draußen, Hartmut Engel und Iris Kürschner, Conrad Stein Verlag, ISBN 3-89392-305-5, DM 12,80.

Fauna

Viele der typischen Tiere aus dem Alpenraum sind vom Aussterben bedroht, manche außerhalb der Naturparks überhaupt nicht mehr anzutreffen, andere sind aus anderen Ländern wieder eingeführt worden.

Ihnen allen gemeinsam ist ihre Menschenscheu. Dazu erschwert die Unzugänglichkeit ihres Lebensraumes die Beobachtung. Gleichzeitig bleiben

so ihre letzten ursprünglichen Verbreitungsgebiete in der grandiosen Alpen-
landschaft erhalten.

Doch nicht nur typische Gebirgsbewohner wie Steinbock, Gemse,
Schneehase, Murmeltier, Alpendohle, Marder oder Königsadler leben dort,
sondern auch andere Tierarten, die sich der alpinen Höhenlage angepaßt
haben, wie Hirsch, Fuchs oder Hermelin.

Ein Symbol für die im Alpenraum lebenden Tiere ist der **Steinbock** (*Capra
ibex*). Als beliebtes Jagdobjekt war er zu Beginn des 19. Jahrhunderts nahezu
ausgerottet. Die Rettung kam vom König von Italien, der 1856 im Gran
Paradiso Massiv ein Reservat einrichten ließ. Die 2.500 Tiere, die gegenwärtig das Alpengebiet in Frankreich, Italien, der Schweiz, Österreich und
Slowenien bevölkern, stammen alle von dieser Gruppe ab.

Ihr Lebensraum liegt auf einer Höhe zwischen 2.700 m und 3.300 m.
Die großen, gerippten Hörner des Männchens können über einen Meter lang
werden, die des Weibchens nicht länger als 25 cm.

Der Steinbock ist ein ruhiges Tier, das gerne in der Sonne döst und sich
von Gräsern und Kräutern ernährt. Die Böcke bleiben in Herden unter sich.
Erst wenn der erste Schnee fällt, suchen sie die Nähe der kleineren, scheue-
ren Weibchen, um die sie Rivalenkämpfe austragen.

Die grazilen, wendigen **Gemsen** leben in Rudeln oder als Einzelgänger, je
nach Jahreszeit in einer Höhe zwischen 400 und 4.000 m. Ihre schmalen,
aber robusten Hufe erlauben ihnen eine unglaubliche Wendigkeit, so daß sie
mühelos von Fels zu Fels springen und immer die abgelegensten Orte aufsuchen, unnahbar für Menschen. Sie verfügen über ein ausgezeichnetes Gehör
und Sehvermögen und wittern einen Fremdling auf eine Distanz von 500 m.

Wer diese ausgezeichneten Kletterer beobachten möchte, muß daher auf
eine günstige Windrichtung achten und sich flach am Boden liegend möglichst unsichtbar machen.

Ein charakteristisches Pfeifen, das Warnsignal eines **Murmeltiers** (*Marmota marmota*), wird Sie auf der TMB oft begleiten.

Die Lebensgewohnheiten der pelzigen Nagetiere sind kaum erforscht, da
sich ein Großteil seiner Aktivität unter der Erde abspielt. Der Winterschlaf ist
das physiologisch interessanteste Phänomen dieses possierlichen Säugetiers.

Rund die Hälfte des Jahres liegt es lethargisch auf einem Heulager in seinem Bau. Während dieser Zeit befindet es sich in Hypothermie, d.h., daß seine Körpertemperatur auf fast 10° abgesunken ist. Die Atemfrequenz liegt bei nur ein- oder zweimal pro Minute.

Wie das Alpenschneehuhn ist der **Schneehase** (*Lepus timidus*) ein Relikt aus der Eiszeit. Als die letzte vor 15.000 Jahren zu Ende ging, folgten die Schneehasen den sich zurückziehenden Gletschern. Der Großteil von ihnen kehrte in seine ursprüngliche Heimat, die nördlichen Landstriche, zurück. Andere blieben in der Montblanc-Region, weil ihnen das arktische Klima zusagte.

Jede Saison wechselt der Schneehase seine Farbe, so daß er in vollkommener farblicher Übereinstimmung mit seiner Umgebung lebt: im Sommer ist sein Tarnkleid braun, im Winter weiß.

Wie das Auerhuhn gehört das **Alpenhuhn** (*Lagopus mutus*) zur Gattung der rebhuhnähnlichen, jedoch größeren Rauhfußhühner. Ursprünglich stammt es aus dem Hohen Norden. Man bezeichnet es als den widerstandsfähigsten, den extremen Bedingungen des Hochgebirges am besten angepaßten Vogel. Zugleich ist er auch der einzige, der zu jeder Jahreszeit ein anderes Gefieder trägt. Durch diese perfekte Tarnung fühlen sie sich sehr sicher und ergreifen erst spät die Flucht, wenn man sich ihnen nähert.

Auch das **Hermelin** (*Mustela erminea*), das Große Wiesel, wechselt sein Fell. Im Sommer rotbraun, streift es im Winter ein schneeweißes Kleid über, nur die Schwanzspitze bleibt schwarz. Es gehört zur Gattung der Marder und ist so flink, daß der Beobachter meist nur einen flüchtigen Blick erhaschen kann. Dieses Miniraubtier erlegt mitunter Beutetiere, die viel schwerer sind als es selbst.

Über der Waldgrenze trifft man auf eine Zwergform des Hermelins, die in etwa die Größe des Gemeinen Wiesel haben, das heißt vom Kopf bis zum Schwanzende nicht mehr als 20 cm messen.

Der **Baummarder** (*Martes martes*) ist ein scheuer, schwer zu beobachtender Nachträuber. Er ist kein Felsbewohner wie sein Verwandter, der Stein- oder Hausmarder, und meidet menschliche Behausungen. Man trifft den

Baummarder in Misch- und Nadelwäldern bis an die obere Wachstums-
grenze.

Äußerlich unterscheidet er sich vom Steinmarder durch den spitz zulau-
fenden rotgelben Kehlfleck, die braunschwarze Nase (beim Steinmarder ist
sie rosig), die größeren Ohren und die auf der Unterseite dichter behaarten
Pfoten.

Der **Luchs** (*Lynx lynx*), die größte Raubkatze Europas, die im letzten Jahrhundert systematisch ausgerottet wurde, ist wieder eingeführt worden. Auch
wenn er heute absoluten Schutz genießt, gilt er in den Augen der Bauern und
Jäger nach wie vor als Wildräuber und Schafereißer.

Durch seine außerordentliche Anpassungsfähigkeit zählt der **Fuchs** (*Vulpes vulpes*) zu einem der am weitesten verbreiteten wild lebenden Säuge-
tiere. Im Alpenraum kann man ihm überall begegnen, vom Talgrund, manchmal mitten in den Dörfern, bis in die nivale Zone auf über 2.500 m Höhe
hinauf. Außerhalb der von März bis Juni dauernden Aufzuchtperiode benutzt
der Fuchs, im Gegensatz zum Dachs, seinen Bau nur sporadisch.

Beim **Hirsch** (*Cervus elaphus*), dem größten Säugetier der Alpen, gehört
die Brunftzeit zu den für uns interessantesten Lebensperioden. Im Gebirge
röhren die Hirsche zwischen September und Ende Oktober, wobei der Höhepunkt auf die ersten zehn Oktobertage fällt. Sie kehren in der Regel immer
wieder zum gleichen Röhrplatz zurück, sind zu dieser Zeit kämpferisch auf-
gelegt und weniger menschenscheu.

Das **Reh** (*Capreolus capreolus*) läßt nach der Geburt ihr Kitz im hohen
Gras oder Gebüsch zurück. Dank seiner Geruchlosigkeit und seinem rot-
braunen, mit hellen Tupfern übersäten Fell, ist es vor Räubern wie dem Fuchs
oder streunenden Hunden relativ geschützt. Von der nahen Rehmutter wird
alles überwacht. Nur kurz kehrt sie immer wieder zurück, um es zu säugen.

Vögel

Wie der Steinbock so ist auch der **Steinadler** (*Aquila chrysaetos*) ein Symbol
der Alpenfauna. Zu seiner Grundnahrung gehört das Murmeltier. Im Sommer
ist er, was seinen Speisezettel betrifft, sehr wählerisch, im Winter wird er zum
Aasfresser.

Bartgeier (*Gypaetus barbatus*) haben eine Flügelspannweite zwischen 2,50 m und 2,80 m. Erst elf Jahre nach dem Beginn eines ehrgeizigen Wiedereinführungsprogramms gelang es dem in der Haute-Savoie angesiedelten Bartgeierpaar 1997, ihr erstes Junges aufzuziehen. Seit Beginn des 20. Jahrhunderts war dies der erste Nestbau eines wild lebenden Paars. Gegenwärtig leben etwa 50 Exemplare in den Alpen.

Jeder Bergfreund kennt die gelbschnablige **Alpendohle** (*Pyrrhocorax graculus*), denn sie ist kein scheuer Rabenvogel und überall, wo ein Picknickkor raschelt, läßt sie sich gerne nieder. Menschliche Abfälle sind ihr Hauptnahrungsmittel. In der schönen Jahreszeit halten sich die Vögel auf den Weiden und bis auf 3.000 m Höhe in den Felsen auf. Im Winter fliegen sie am Morgen ins Tal hinunter, um in der menschlichen Umgebung nach Nahrung zu suchen. Am Abend kehren sie auf ihren nächtlichen Hochsitz zurück.

Von Juni bis Oktober kann man den **Tannenhäher** (*Nucifraga caryocatactes*) beim Sammeln von Haselnüssen beobachten, die er als Wintervorrat im Boden vergräbt.

In der kalten Jahreszeit bohrt der Vogel dann kleine Tunnel durch die Schneedecke und findet, dank seines guten Gedächtnisses, sofort die Beute wieder. So trägt er auch ganz nebenbei zur Verbreitung der **Arve** (Zirbelkiefer) bei, da er stets mehr Samen transportiert, als er verbraucht. Eine nur durch einen Vogel erfolgende Samenverbreitung nennt man Koevolution.

Klima

Das Wetter wird auf der TMB garantiert zum Gesprächsthema Nr. 1. Wer will schon durch eine grandiose Gebirgslandschaft wandern, die von Wolken verhangen ist. Außerdem können Leben und Gesundheit von der richtigen Wettereinschätzung abhängen.

Bei gefährlichen Abschnitten, wie beispielsweise dem Paßübergang Col des Fours oder dem Fenetre d'Arpette, sollte schlechtes Wetter in der Berghütte abgewartet werden, oder man wählt die weniger riskante Alternative.

♦   Météo France, ☎ 06/36680274 oder Maison de la Montagne, ☎ 04/50532208.

Durch den Einfluß der Westwinde wird das Montblanc-Gebiet im Nordteil der französischen Alpen eher von atlantischem Klima bestimmt. Die Niederschläge, die von ozeanischen Winden aus dem Westen herangeführt werden, sind auf der französischen Seite höher als im italienischen Aostatal, das von der gewaltigen Gebirgsmauer abgeschirmt wird.

Jährliche Niederschlagsmenge: Les Contamines 1.459 mm, Chamonix 1.040 mm, Courmayeur 975 mm. Der meiste Niederschlag fällt im gewitterreichen Sommer.

Die Temperaturunterschiede zwischen Tag und Nacht sind groß. In Chamonix steigt das Thermometer im Sommer oft auf über 30°. Mittlere Julitemperaturen: Les Contamines 21°, Chamonix 22°, Courmayeur 24°.

Das Wetter in Gebirgsregionen ist von vielen Faktoren abhängig. Höhenunterschiede, Sonneneinstrahlung, Hangausrichtung, etc. schaffen räumlich stark begrenzte Klimazonen. Scheint die Sonne im weiten Tal von Sallanches, ist es um Chamonix vielleicht bewölkt, weil die Wolken an den hohen Nadelspitzen hängen bleiben.

Mit zunehmender **Höhe** nimmt der Luftdruck ab, die Luft wird dünner, die Temperaturen sinken (im Schnitt 0,5° auf 100 m). Bei Windstille kann es aber auch zur Umkehrung diese Phänomens kommen. Die schwere kalte Luft gleitet dann an den Hängen ins Tal hinunter, die warme steigt nach oben.

Je nach **Hanglage** tritt eine Verstärkung ein: der nach Süden ausgerichtete Hang, *adret* genannt, ist einer wesentlich intensiveren Sonneneinstrahlung ausgesetzt als der Nordhang, *ubac*, wo der Schnee länger liegen bleibt.

Das **Relief**, die Ausrichtung der Bergkämme, nimmt weiteren Einfluß auf Niederschlagsmenge und Windrichtung.

In den Randzonen der Massive und an deren Windseite fällt mehr Regen und Schnee. Alpentäler wirken wie Windkanäle, besonders im Sommer, wenn häufig Berg- und Talwinde wehen.

Ist es morgens in Chamonix noch schön, steigt gegen Mittag die warme Luft aus dem Tal nach oben, und es weht ein talaufwärts gerichteter Wind. Mehr und mehr bilden sich um die Gipfel Wolken. Nachts ist es dann oft wieder sternenklar.

Liegen die Berge nachmittags im Dunst, gilt das als Zeichen, daß das Wetter schön bleibt. Am Spätnachmittag flaut der Talwind ab, die Temperatur fällt. Ein kalter, heftiger Bergwind weht nun in umgekehrter Richtung durch das Tal.

Im Sommer treten in den Hochgebirgszonen häufig **Gewitter** auf. Sie resultieren meist aus der Überhitzung der Talböden im Zusammenwirken mit der kühleren und feuchteren Höhenluft.

Ein sicheres Zeichen für akute Gewittergefahr ist das amboßartige Ausfransen des oberen Teils einer hochreichenden Quellwolkenmasse. Aufgrund der extremen Wärme der Strombahn eines Blitzes dehnt sich die Luft ganz plötzlich aus. Es entsteht eine Druckwelle, die als Donner wahrgenommen wird.

Wetterregeln

▶ Wolkenauflösung am Abend deutet auf gutes Wetter hin.

▶ Dehnt sich der obere Teil einer hochreichenden Quellwolkenmasse amboßartig aus, drohen Gewitter.

▶ Mittelhohe Schichtwolken (Altostratus) künden Niederschläge an.

▶ Federwolken (Cirren) und ihr schneller Übergang zu Schleierwolken sprechen für eine Verschlechterung des Wetters.

▶ Halos ("*halo*"= engl. für Heiligenschein, Hof) werden optische Erscheinungen genannt, die sich aufgrund gleichmäßiger Anordnung zahlloser Eiskristalle um Sonne und Mond bilden. Spricht der Volksmund von einem "Hof um den Mond", weist das fast immer auf eine Wetterverschlechterung hin.

▶ Schlechtwetter kommt, wenn sich der Himmel bei Föhnlage rasch verschleiert.

▶ Auflösung von Talnebel ist ein günstiges Wetterzeichen.

▶ Steigen die Nebel am Morgen, bildet sich oft eine Wolkendecke, und es können Niederschläge auftreten.

▶ Ein klares Abendrot und eine Abkühlung der Luft, weist fast immer auf schönes Wetter am nächsten Tag hin.

▶ Morgenrot ist ein Hinweis auf Niederschläge.

▶ Ein klarer, kalter Morgen deutet auf beständige Witterung hin. Reif und Tau ebenfalls.

📖 Wetter, Michael Hodgson und Meeno Schrader, OutdoorHandbuch Basiswissen für Draußen, Conrad Stein Verlag, ISBN 3-89392-113-3, DM 12,80.

Reise-Infos
von
A bis Z

An- und Abreise

Da Sie als Wanderer vor Ort nicht auf ein eigenes Auto angewiesen sind, ist die einfachste und bequemste Anreise per Zug. Die schnellste Verbindung (mehrmals täglich) verläuft via Bern und Lausanne (umsteigen) bis Martigny. Dort steigt man in den Montblanc-Express um. Das Etikett "Express" ist etwas hoch gegriffen. Mit Hilfe von Zahnrädern muß die Schmalspurbahn Steigungen von 20% bewältigen, um durch das enge Felstal des Flußes Trient hinaufklettern zu können, und das geht kaum im Schnellzugtempo. Trotzdem dauert die Fahrt von Basel nur etwa 5 Std.

Die andere mögliche Verbindung von Basel über Genf dauert etwa eine Stunde länger. In Genf muß vom Hauptbahnhof zum französischen Bahnhof Gare Eaux-Vives gewechselt werden (🚋 Tram 16, ⧗ ca. ½ Std.). Von hier startet mehrmals täglich die Linie Genf - Chamonix - Vallorcine - Martigny.

Eine weitere Möglichkeit ist die Anreise per Flugzeug nach Genf. Am Rande der Stadt liegt der internationale Flughafen Genève-Cointrin, ☎ 022/7177111.

Eine Bahnverbindung Flughafen - Hauptbahnhof gibt es alle 10 Min., Fahrzeit 6 Min. Fahrkarte einfache Fahrt sfr 4,80. Oder Bus Nr.10, Flughafen - Stadtzentrum in 18 Min., sfr. 2,20. Das Ticket gilt 1 Stunde für das gesamte Netz, einschließlich Umsteigen.

Vom Hauptbahnhof Gare Cornavin gibt es keine Zugverbindung nach Chamonix. Sie müssen zum Gare Eaux-Vives, dem französischen Bahnhof der Stadt. Nehmen Sie vom Gare Cornavin Tram 16, Haltestelle Gare Eaux-Vives. Vom Flughafen gibt es auch mehrmals täglich eine direkte Busverbindung nach Chamonix und umgekehrt, SFr 49/FF 195, ☎ 04/50530115.

Der kürzeste Weg mit dem Auto führt über Basel oder Zürich nach Bern, dann die A 12 Richtung Fribourg/Lausanne nach Montreux und weiter ins Wallis bis zur Autobahnausfahrt Montreux. Die Straße schraubt sich nun zum Col de la Forclaz hinauf (tolle Ausblicke ins Rhonetal) und nach Trient hinunter. Weiter über die französische Grenze und den Col des Montets (tolle Aussicht, Informationszentrum des Naturreservats Aiguilles Rouges) nach Chamonix. Von Basel aus dauert diese Fahrt ca. 3 Stunden.

ℹ️   Straßenzustandsbericht ☎ 04/50530551.

Ausrüstung

Die Ausrüstung für die TMB sollte alpentauglich sein, denn zu schnell schlägt das Wetter um, zu schnell ist man umgeknickt...

Das A und O einer angenehmen Montblanc-Umrundung sind gut eingelaufene, bequeme Wanderschuhe, die auch bei den gelegentlichen steilen und steinigen Abschnitten festen Halt bieten. Die Zusammenstellung Ihrer Ausrüstung hängt natürlich auch davon ab, wo Sie übernachten wollen. Unterwegs gibt es traumhafte, einsame Zeltplätze.

Vorschlag zur Grundausstattung

feste Wanderschuhe und Wandersocken aus Wolle

Unterwäsche

Waschutensilien

bequeme Hose

wind- und regendichte Jacke

warmer Pulli

Regenschutz

Trainingsanzug

Hausschuhe oder Turnschuhe (in den Unterkünften gibt es keine Hüttenschuhe, wie beispielsweise in der Schweiz üblich)

Stirnlampe

dieses Buch + IGN-Landkarten 3630 OT Chamonix, 3531 ET Montblanc

eventuell Kompaß/GPS

Taschenmesser

Nähzeug

Erste-Hilfe-Set

Trinkflasche

Sonnencreme

Sonnenbrille

Hut/Mütze

Proviant/Energieriegel

Plastiktüte für Abfälle

☺ In einigen Unterkünften gibt es nur Massenlager. Wer dort den direkten Kontakt vielbenutzter Decken scheut, nimmt sich einen Leinensack mit.

Diplomatische Vertretungen

Ⓓ   Informationsstelle der Deutschen Botschaft, 24 Rue Marbeau, 75016 Paris,
       ☎ 01/44173131.

◆   Generalkonsulat, 33 Boulevard des Belges, 69458 Lyon Cedex 06,
       ☎ 04/78935473.

Ⓐ   Botschaft, 6 Rue Fabert, 75007 Paris, ☎ 01/40633063.

◆   Konsulat, 21 Rue Bourgelat/BP 2046, 69227 Lyon, ☎ 04/72409789.

ⒸⒽ   Botschaft, 142 Rue de Grenelle, 75007 Paris, ☎ 01/49556700.

◆   Konsulat, 4 Place Charles Hernu, 69100 Villurbane (bei Lyon),
       ☎ 03/89453212.

Elektrizität

Die Spannung beträgt 220 Volt. Sollte ein Stecker nicht passen, gibt es in
Haushaltsgeschäften oder den großen franz. Supermärkten Zwischenstecker
(*adapteurs*) zu kaufen.

Essen und Trinken

Wer glaubt, die TMB sei ein entbehrungsreiches Unterfangen, wird seine
Meinung sicherlich ganz schnell ändern und das Trockenfutter liebend gern
einpacken, um seinen Gaumen mit Köstlichkeiten aus gleich drei Ländern zu
verwöhnen. Was nicht heißen soll, daß ein Picknick nicht auch eine tolle
Sache ist, schmeckt das Essen doch in freier Natur am allerbesten.

    Für ein Picknick bieten sich die unzähligen leckeren Käsesorten der
Region an, dazu frisches Baguette oder Bauernbrot, Tomaten, Oliven und,
wem es nicht zu schwer ist, vielleicht noch ein Fläschchen Wein. Man sitzt auf
weichen Wiesenmatten, schiebt sich mundgerechte Happen in den Mund,
daneben leuchten Enziane, Weidenröschen oder Anemonen und dahinter
blitzen die schneebepuderten Berge.

    Käsespezialitäten, die in Savoyen an erster Stelle stehen, sind der cremig-
würzige **Reblochon,** der Hartkäse **Beaufort, Serac**, ein gepreßter Weißkäse

und der milde **Tomme de Savoie**. *Tomme* heißt auf savoyisch nichts anderes als Käse.

Käse ist auch die Grundlage vieler heimischer Gerichte. Sicherlich das bekannteste und beliebteste Gericht auf allen drei Länderseiten ist das **Fondue**. Lang ist auch die Liste der vielen **Gratins**, weltberühmt das **Gratin Dauphinois**.

Doch haben Sie schon einmal das **Gratin savoyard,** mit Tomme-Käse zubereitet, probiert? Wem es zuviel ist, der bestellt sich einfach einen Snack: z.B. **Toasts savoyards**, knuspriges Roggenbrot mit Reblochon und Walnüssen überbacken. Oder **Tarte au Beaufort**, eine heiß servierte Quiche gefüllt mit Beaufort und Crème frâiche.

An Köstlichkeit kaum zu übertreffen ist die **Tartiflette**. Doch dafür brauchen Sie einen Bärenhunger! Oder einfach mehr Mitesser. In der Tartiflette verschwindet nämlich ein ganzer Reblochon-Käse. Und der hat einen ganz netten Umfang. In dünne Scheiben geschnitten, wird er abwechselnd mit Kartoffelscheiben, Schinken und Gewürzen in eine Auflaufform geschichtet, mit Crème frâiche und Weißwein übergossen und anschließend überbacken.

Eine weitere Reblochon-Spezialität ist die **Pela**. Kartoffelwürfel werden mit reichlich Butter, Zwiebeln und Speck in der Pfanne gebraten. Ein in zwei Hälften geschnittener Reblochon landet mit der Rinde nach oben auf dem Gemisch, schmilzt auseinander und bildet einen ganz "formidablen" Schmaus.

Eine andere wichtige Grundlage auf allen drei Länderseiten ist der Maisbrei, die **Polenta**. Eine ganz spezielle Grundlage hingegen, die nur in der Haute-Savoie zu finden ist, sind die **Crozet**, ein Nudelgericht aus Schwarzmehl.

Aus dem Wallis kommt das bekannte Käsegericht **Raclette**. Typisch sind auch die in Fladen gebackenen **Roggenbrote**. Bestellen Sie dazu den **Walliserteller** mit köstlichen Trockenfleischspezialitäten

Zum Nachtisch ißt man in Savoyen gern Himbeer- oder Blaubeerkuchen. Der **Gâteau de Savoie** ist ein dünner Bisquitkuchen mit Walnußfüllung.

Der **Wein** ist auf allen drei Länderseiten fester Bestandteil eines Menüs. Trotz des unwirtlichen Klimas gedeihen in den Alpen einige der renommiertesten Weine.

Die savoyischen Weine beispielsweise waren bereits im Rom des 1. Jahrhunderts ein Begriff. Als **Vin de Savoie** stechen die trockenen Weißweine besonders hervor, die an den unteren Hängen des Bauges-Massivs angebaut werden: Abymes, St.-Baldoph, Chignin, Apremont, Cruet - aber auch der Azye, ein trockener **Perlwein** vom Ufer der Arve, und die **Rotweine** aus Chautagne am Lac de Bourget und aus Arbin am Fuß der Bauges. Die **Roussette de Savoie** sind spritzige, leicht säuerliche Weißweine, z.B. Frangy und Marestel.

Ein kleines Verdauungsschnäpschen bei zuviel Käsegenuß kann auch nichts schaden, ein **Marc de Savoie** (Tresterbranntwein) vielleicht?

Für die Damen etwas Süßes: ein **Génépi** (Kräuterlikör) oder **Chartreuse**, der berühmteste Likör Savoyens. Das als "Lebenselexier" bezeichnete Getränk wurde im 16.Jh. von den Kartäusermönchen erfunden. Ein Gebräu aus 130 verschiedenen, in Weinalkohol extrahierten Kräutern, mit Honig und Kandiszucker.

Auf italienischer Seite wird man sich natürlich gleich einen **Cappuccino** gönnen. Vielleicht auch weil der *café au lait* auf den Berghütten nicht jedermanns Geschmack ist.

Zum feierlichen Abschied sollte man sich ein Freundschaftsgetränk gönnen. Die *grôle* oder der **pot d'amitié,** wie die Savoyarden das geschnitzte Trinkgefäß aus Rosenholz nennen, wird mit einem mit viel Kirschwasser zubereiteten Kaffeegetränk gefüllt.

All diese Leckereien werden natürlich nicht unbedingt auf den Berghütten gekocht. Dort muß man sich mit Halbpension begnügen, was auf den Tisch kommt, wird gegessen. Doch im Durchschnitt ist das Essen sehr zufriedenstellend.

Das einzige, was in Frankreich mager und einfallslos ausfällt, ist das Frühstück. Mehr Abwechslung nach eigenen Wünschen bieten die Gasthöfe in den Dörfern, die man immer wieder durchwandert.

Feiertage und Feste

Gesetzliche Feiertage in Frankreich

1. Januar (Neujahr)
Ostern (Sonntag/Montag)
1. Mai (Tag der Arbeit)
Christi Himmelfahrt
Pfingsten (Sonntag/Montag)
14. Juli (Nationalfeiertag)
15. August (Maria Himmelfahrt)
1. November (Allerheiligen)
11. November (Waffenstillstand 1918)
25. Dezember (Weihnachten)

Gesetzliche Feiertage in Italien

1. und 6. Januar
Ostermontag
25. April (Staatsfeiertag)
1. Mai
15. August ("Ferragosto")
1. November
8. Dezember
25./26. Dezember

Gesetzliche Feiertage in der Schweiz

1. Januar
Karfreitag/Ostermontag
Himmelfahrt
Pfingstmontag
1. August (Nationalfeiertag)
25./26. Dezember

Feste

▶   Wochenende um den 14. Juli: *Fête de l'Edelweiss* in Bourg-St-Maurice. Ein grenzübergreifendes Folklore-Fest mit Trachtengruppen aus der Tarentaise und dem Aosta-Tal.

▶ 25. Juli: Bergsteigerfest in Les Houches
▶ August: Seefest *Embrasement du Lac des Dames* in Samoens
▶ 8. August: Bergführerfest (*Fête des Guides*) in St-Gervais
▶ 15. August: Bergführerfest (*Fête des Guides*) in ☞ Chamonix.

▣ Fotografieren

Filme und Batterien sind in Frankreich sehr teuer und während der Umrundung nur in den Dörfern zu kaufen. Sie sollten besser ein paar Filme und Ersatzbatterien von zu Hause zusätzlich einstecken, denn die Ausblicke sind vielfach spektakulär und ein Foto wert.

Das gilt besonders für Diafilmbenutzer, denn Diafilme (Fuji) sind nur schwer zu bekommen. Bei den vielen grandiosen Motiven würden Sie sich gewiß sehr ärgern, wenn Sie plötzlich mit leerem Gehäuse dastehen und keine Fotos mehr machen könnten.

Geld

Frankreich

Die Währungseinheit ist der französische Francs: FF 1 = 100 Centimes. Es gibt 5-, 10-, 20- und 50-Centimes-Münzen.

Folgende Banknoten sind in Umlauf: Der 50-Francs-Schein zeigt den Piloten und Schriftsteller Antoine de Saint-Exupéry (1900-1944). "Der kleine Prinz", seine berühmteste Romanfigur, ist auch abgebildet.

Der 100-Francs-Schein zeigt den Maler Paul Cézanne (1839-1906), der 200-Francs-Schein den Ingenieur Gustave Eiffel (1832-1923).

Auf dem 500-Francs-Schein erkennt man die Wissenschaftler Pierre (1858-1906) und Marie Curie (1867-1934).

Der 20-Francs-Schein ist zwar noch gültig, wird aber eingezogen. FF 100 entsprechen etwa DM 33.

Schweiz

Landeswährung ist der Schweizer Franken: 1 sfr = 100 Rappen. sfr 100 sind etwa DM 120.

Italien

Es gibt 1.000-, 2.000-, 5.000-, 10.000-, 50.000- und 100.000- Lire-Scheine. 1.000 Lire sind nur etwa 1 DM wert.

Sie müssen sich nicht mit drei verschiedenen Währungen belasten. Auf der gesamten Montblanc-Umrundung werden französische Francs akzeptiert. Man sollte sich vor der Tour mit genügend **Bargeld** eindecken, denn Tauschmöglichkeiten während der Umrundung gibt es nur in Chamonix, Les Houches, Les Contamines, Courmayeur und Champex.

In letzter Zeit werden von den Banken unglaublich hohe **Umtauschgebühren** eingezogen. In Frankreich verlangen Banken bis zu FF 50 Komission. Üblich sind 2% des zu tauschenden Betrags.

Die größeren Hotels und Restaurants akzeptieren meist **Kreditkarten**. An allen Bankautomaten kann mit der ec-Karte Geld abgeholt werden. Wer die Öffnungszeiten der Banken verpaßt, in Chamonix kann auch in vielen Geschäften (z.B. Fotoläden) umgetauscht werden.

⬚BANK⬚   gewöhnlich Mo bis Fr 🕮 9:00-16.30, in Italien nur vormittags. Manche über Mittag geschlossen.

ℹ Information

Allgemein

Ⓓ   Maison de la France, Westendstr. 47, Postfach 100128, 60325 Frankfurt,
       ☎ 069/9758010, FAX 752187, ✍ <maison.de.la.france@t-online.de>
Ⓐ   Maison de la France, Argentinierstr. 41 A, 1040 Wien, ☎ 0222/5032890,
       FAX 5032871, ✍ <info@maison-de-la-france.at>
ⒸⒽ   Maison de la France, Löwenstrasse 59, 8023 Zürich, ☎ 01/2113085,
       FAX 2111644, ✍ <tourismefrance@bluewin.ch>,
       🖥 <http://www.maison.de.la.france.com> (Infos auf Französisch und Englisch).

Frankreich

ℹ   Office de Tourisme de Chamonix Montblanc, 85 Place du Triangle de l'Amitié, B.P.
       25, 74401 Chamonix Montblanc Cédex, ☎ 04/505300 24, FAX 04/50535890.
       🖥 <http://www.chamonix.com>, ✍ <info@ chamonix.com>

- ◆   Alpine Information: Maison de la Montagne, Place de l'Eglise, Chamonix, ☎ 04/50532208.
- ◆   Office de Tourisme d'Argentière, 24 route du Village, 74400 Argentière, ☎ 04/50540214, FAX 04/50540639, ✍ <accuuel@argentiere.com>

Italien

- ℹ️   APT Monte Bianco, Piazzale Monte Bianco, 11013 Courmayeur, ☎ 0165/842060, FAX 842072.

Schweiz

- ℹ️   Val Ferret: Office du Tourisme, 1944 La Fouly, ☎ 027/7832717, FAX 7833303.
- ◆   Champex: Office du Tourisme, 1938 Champex-Lac, ☎ 027/7831227, FAX 7833527.
- ◆   Trient/Col de la Forclaz: Office du Tourisme, 1929 Trient, ☎ 027/7224623 + ☎ 7222688, FAX 7221929.

Karten

Auch wenn der Montblanc-Rundweg gut markiert ist und die Wegskizzen in diesem Buch zur Orientierung ausreichen, ist die Mitnahme einer ausführlichen Gebietskarte im Hochgebirge immer angebracht. Wie schnell kann bei Nebel eine Markierung übersehen werden, oder man möchte eine kleine Abweichung vom Weg unternehmen.

Das beste Kartenmaterial liefert das Institut Geographique National (IGN). Um die gesamte "Tour du Mont-Blanc" abzudecken, benötigt man zwei Blätter 1: 25.000: IGN-Karte Nr. 3630 OT Chamonix und Nr. 3531 ET St.-Gervais

Am einfachsten sind die IGN-Karten vor Ort erhältlich. Rund um den Montblanc führt so ziemlich jede Buchhandlung ausführliches Kartenmaterial über die Region.

Im deutschsprachigen Raum haben viele Buchhandlungen die IGN-Karten nicht vorrätig, können sie jedoch bestellen bei:

- ◆   Geo Center ILH, Internationales Landkartenhaus, Schockenriedstr. 44, 70565 Stuttgart, ☎ 0711/7889340, FAX 7889354.

Auf der Kompaß Wander- und Skitourenkarte Nr 85 Monte Bianco Montblanc 1: 50.000 fehlt ein kleiner Teil der TMB (zwischen Les Contamines und Col de la Seigne sowie zwischen dem Val d'Arpette (CH) und Argentière).

Markierung und Wegzustand

Teilweise ist die TMB mit dem GR 5, dem Fernwanderweg vom Genfer See bis Nizza, identisch. Die charakteristische GR-Markierung sind rot-weiße Streifen. Die allgemeine Farbmarkierung der TMB ist gelb. An manchen Strecken folgt man gelben Schildern mit den Buchstaben TMB, in steinigem Gelände sind meist gelbe Punkte auf Stein und Felsen gemalt. Die Markierungszeichen folgen in relativ kurzen Abständen.

Die Wege sind an fast allen Stellen sehr gut. Nur an wenigen Stellen ist gute Trittsicherheit erforderlich: über den Col des Fours, über das Fenêtre d'Arpette sowie der Klettersteig bei der Aiguille d'Argentière.

Das Wetter kann den Wegzustand natürlich verschlechtern, d.h. wer zu früh (Mai/Juni) oder zu spät (Sept./Okt.) unterwegs ist, muß an Pässen und Scharten mit Schnee und Eis rechnen. Pickel und Steigeisen können dann durchaus nötig sein. Normalerweise sind für die TMB weder Eisausrüstung noch spezielle alpinistische Kenntnisse erforderlich.

Auskunft über den Zustand der Pässe gibt das Maison de la Montagne in Chamonix (☞ Chamonix, Alpine Information).

Medizinische Versorgung

Erkundigen Sie sich bei Ihrer Krankenkasse, wie diese den Versicherungsschutz im Ausland handhabt. Normalerweise gibt es für Reisende aus den Mitgliedsstaaten der Europäischen Union einen internationalen Krankenschein (Formular E 111). Dieser wird von Ihrer eigenen Krankenkasse ausgestellt und muß auf der Reise mitgeführt werden. Im Bedarfsfall wird er zusammen mit den vom Arzt oder Krankenhaus ausgestellten Papieren der örtlichen französischen Krankenkasse (Caisse Primaire d'Assurance Maladie) vorgelegt. Diese erstattet die ausgelegten Beträge zu in Frankreich üblichen Tarifen zurück (60-100%).

In Italien legt man das Formular der Unita Sanitaria Locale (USL) vor, der örtlichen Niederlassung des staatlichen italienischen Gesundheitsdienstes. Dort bekommt man einen italienischen Krankenschein. Je nach Andrang kann das seine Zeit dauern. Es kann schneller gehen, wenn man sich anstatt an den normalen Kundenschalter direkt an den Leiter (*capo*) oder leitenden Arzt (*primo medico*) wendet. Mit dem ergatterten Krankenschein kann man einen der USL angeschlossenen Arzt aufsuchen und sich kostenfrei behandeln lassen. Die italienische Krankenkasse rechnet dann mit der eigenen Kasse ab. Staatliche Krankenhäuser, aber auch einige Ärzte, nehmen das Formular E 1 1 1 direkt an, so daß man sich den Gang zur USL sparen kann.

Privatversicherte müssen anfallende Krankheitskosten selbst bezahlen. Gegen Vorlage der Quittungen erstattet ihre Krankenkasse nach der Rückkehr die Beträge zurück.

Für Österreicher ist der beschriebene Ablauf ebenfalls gültig (Formular SE 100-07). Schweizer müssen ihre Behandlungskosten selbst tragen.

Naturschutz

Daß die Alpen als "Spielplatz Europas" enormen Belastungen ausgesetzt sind, und das jeder einzelne Wanderer eine Mitverantwortung trägt, darüber müßte eigentlich gar nichts mehr gesagt werden. Oder doch? Viele sind beim Wandern doch sehr vergeßlich und lassen immer wieder Abfall zurück. Warum? Es gibt keine Müllabfuhr in den Bergen! Jeder (!) sollte dafür sorgen, daß der Müllhaufen dort oben nicht weiter anwächst. Was bereits herumliegt, muß nicht ansteckend wirken. Im Gegenteil! Warum sich nicht zur Gewohnheit machen, außer seinem eigenen Abfall auch zurückgebliebene Hüllen der Konsumwelt wieder hinab ins Tal mitzunehmen? Abfall hat doch kaum Gewicht, und ein zufriedenes Gewissen kann mit so wenig Mühe die Lebensenergie doch enorm steigern. Also nicht vergessen, eine leere Plasiktüte für den Müll mit in den Rucksack zu stecken.

Reserve Naturelle des Aiguilles Rouges

Das Naturschutzgebiet umfaßt mit rund 33 km² einen großen Teil des Massivs der Aiguilles Rouges. Landschaft, Flora und Fauna sind unter Naturschutz gestellt worden, um das natürliche Gleichgewicht zu wahren, das durch einen zu großen Strom von Besuchern gefährdet ist. Die relativ wilde Nordseite konnte ihre Einsamkeit bis heute bewahren, aber was ist mit der Südseite? Hier verläuft der gut ausgebaute, beliebteste und aussichts-reichste Höhenweg Grand Balcon Sud, der sich fast 15 km unterhalb der Kette der "Roten Spitzen" entlangzieht. Und an Wochenenden kann es hier belebter zugehen als in den Gassen von Chamonix.

🕸 Sehenswert ist das Informationszentrum des Naturschutzgebietes auf dem Montets-Paß. **Das Chalet du Col des Montets** bietet Ausstellungen, Diashows und Führungen.

♦ 1. Juni-15. Sept. tgl. ⏰ 9:30-12:30, 13:30-18:30, kostenlos,
☎ 04/50540224. 🛈 ganzjährig, Véronique Broc, ☎ 04/50540806.

☺ Ein Rundgang auf dem ökologischen Lehrpfad, der am Paß beginnt und an einem kleinen See vorbeiführt, dauert etwa 1 Stunde. Er soll helfen, die Natur besser kennzulernen. Pflanzen, Vögel und andere Tiere sind auf Schildern abgebildet und erläutert.

Innerhalb des Parks gelten folgende Verhaltensregeln:
▶ Auf den Wegen bleiben
▶ Haustiere zu Hause lassen
▶ Keine Abfälle liegen lassen
▶ Blumen und Pflanzen nicht pflücken
▶ Offenes Feuer und Wildcampen ist nicht gestattet
▶ Nur Fußvolk ist erlaubt, also keine Biker

Auf dem Montblanc-Rundweg betrifft das die Etappen 10 und 11, d.h. den Teilabschnitt des Grand Balcon Sud vom Col des Montets bis kurz vor Flégère sowie vom Brévent bis zur Refuge Bel Lachat. Unterhalb von Flé-gère und Brévent, dort wo kein Naturschutzgebiet mehr ist, sehen auch die Hänge dementsprechend verschandelt aus (Lifte, Masten, etc.).

Notruf & Bergrettung

Meldestellen für den Notfall

Frankreich

♦   Spezialabteilung der französischen Gendarmerie zur Bergrettung (Peloton de Gendarmerie de Haute Montagne/PGHM), Chamonix, ☏ 04/50531689 oder St-Gervais, ☏ 04/50781081.

Italien

☏ von Frankreich 0039

♦   Bergführerbüro Società delle Guide (Soccorso Alpino), Piazza A. Henry, Courmayeur, ☏ 0165/842064, Poste de Secours de Courmayeur, ☏ 0165/844235. Allgemeine kostenlose Notrufnummer im Aostatal, ☏ 118.

Schweiz

☏ von Frankreich 0041

♦   Poste de la police cantonale du Valais ☏ 027/117, Gendarmerie in Orsières, ☏ 027/41106.

☺   Jede Hütte mit Wart ist zugleich auch Meldestelle.

Eine Bergrettung kann teuer sein (Hubschraubereinsatz, etc.) und geht zu Lasten ihres Verursachers. Wer sicher gehen will, kann vorher eine Bergrettungsversicherung abschließen. Beim Alpinen Informationsbüro im Maison de la Montagne von Chamonix kann man ohne umständliche Formalitäten eine solche Versicherung ("S.O.S Montagne") abschließen. Versicherungsverträge werden für eine oder mehrere Wochen bis hin zu einem Jahr angeboten.

Sollten Sie ein Mitglied des Alpenvereins sein, so sind Sie automatisch versichert.

Organisierte Wandertouren

Die Auswahl ist groß: Viele Veranstalter haben die Tour du Mont-Blanc in ihrem Programm. Doch einen möchte ich ganz besonders empfehlen, weil das Gepäck von zwei charmanten Mulis getragen wird und nur ein leichter Tagesrucksack die Schultern des Wanderers beschwert. Weil die Tourenführer nicht nur Bescheid über die Gegend wissen, sondern auch über einen unschlagbaren Optimismus verfügen, der besonders bei schlechtem Wetter Wunder wirkt. Und nicht zuletzt weil es riesigen Spaß macht, mit Tieren unterwegs zu sein.

Cairn, das "bureau des guides", startet jede Woche am Sonntag von Juni bis September zur TMB. Rückkehr zum Ausgangspunkt ist Samstag.

◆   Cairn, Le Sanjhon, 74300 Les Carroz, Tel. 0033/4/50900274, FAX 50903934. Preis für 7 Tage Wandern ohne Gepäck, alles inklusive FF 2600.

Gebucht werden kann entweder direkt oder über

◆   transalp- Sportreisen, Box 146, 1257 Genève/Croix-de-Rozon, ☎ 0041/22/7713553, ☎ + FAX 7713900.

Individuelle Touren mit eigenem Bergführer sowie ein festes Tourenprogramm bietet die Compagnie des Guides de Chamonix an.

◆   Maison de la Montagne von Chamonix, ☎ 04/50530088, FAX 50534804. Bürofilialen in Argentière, ☎ 04/50541794, Les Houches, ☎ 04/50545076, Servoz, ☎ 04/50472168.

☏ Post und Telekommunikation

▶   **Postämter** in der Regel 🕘 9:00-12:00 + 15:00-18:00, samstags 🕘 bis 12:00.

▶   **Briefmarken** (franz. *timbre*, ital. *francobolli*) kann man nicht nur bei der Post erstehen, sondern auch in vielen Tabakläden oder Souvenirshops, die Postkarten verkaufen. Da die Post in Italien nicht gerade den besten Ruf genießt, empfiehlt es sich, Sendungen in Frankreich oder der Schweiz aufzugeben. Tarif (Europa) in Frankreich für Brief und Postkarte FF 3, in der Schweiz Rp 90. (Ausland), Rp 70. (Inland).

▶   Für viele **Telefonzellen** benötigt man eine Telefonkarte (*télécarte*), in Postämtern, France-Télécom-Agenturen und Tabakläden erhältlich. Seit Oktober 1996 sind in Frankreich alle Telefonnummern 10stellig. Manche Prospekte oder Infobroschüren haben dies noch nicht berücksichtigt. Wählen Sie deshalb vor der alten achtstelligen Nummer jeweils 04.

▶   ☽ **Vorwahl**
     Von Deutschland, Österreich, Schweiz nach Frankreich: ☎ 0033.
     Von Frankreich nach Deutschland: ☎ 0049.
     Von Frankreich nach Österreich: ☎ 0043.
     Von Frankreich in die Schweiz: ☎ 0041.
     Nach der Vorwahl die Null der gewünschten Rufnummer weglassen.

Reisezeit

Unter normalen Wetterbedingungen kann die TMB von Ende Juni bis Ende September begangen werden. Im Juni und September kann jedoch durchaus Schnee die Wanderpläne durchkreuzen.

Ein anderes Problem in den Randzeiten sind die Übernachtungsmöglichkeiten. So gut wie alle Hütten sind nur von Juli bis Anfang September geöffnet. Das gleiche gilt für die Betriebszeiten der meisten Seilbahnen, gleichzeitig verschlechtert sich auch die Unterstützung durch die öffentlichen Verkehrsmittel.

Zwischen dem 15. Juli und 15. August haben die Franzosen Ferien. Da sie Wandervögel sind und die TMB zu den beliebtesten Routen zählt, findet in dieser Zeit auch der größte Ansturm statt. Dann platzen die Hütten aus allen Nähten und die Reservation muß lange im voraus geschehen.

Ab Mitte August ändert sich alles schlagartig. Anstatt auf Horden trifft man nun auf einzelne internationale Wanderer. Als beste Reisezeit empfiehlt sich daher die zweite Augusthälfte bis Anfang September.

Wer in den Randzeiten unterwegs ist, sollte vorher die jeweiligen Öffnungszeiten erfragen, bzw. Zeltausrüstung mitnehmen.

Unterkunft

Eine Liste aller Unterkünfte entlang der TMB ist im Maison de la Montagne in Chamonix (☞ Information) erhältlich. Einige Unterkünfte bieten keine Halbpension an. Bei sämtlichen Berghütten und -hotels empfiehlt sich eine vorherige Anmeldung und die Erfragung des Preises.

Das Preis-Leistungsverhältnis ist mitunter utopisch, beispielsweise verlangt das Refuge Chalet du Lac Blanc für eine Übernachtung im Massenlager umgerechnet etwa DM 80. Hier bezahlt man eben die wirklich einzigartige Lage mit. Moderate Preise finden sich nur bei den Hütten des CAF (Club Alpin Francais).

Der Durchschnittspreis liegt in der Regel bei Halbpension zwischen FF 150 und FF 200, zwischen FF 60 und FF 90 für die reine Übernachtung.

🏠 Berghütten (Refuges/Rifugio)

Die **Refuges** (franz.) und **Rifugio** (ital.) stehen meist in Halbtagesetappen voneinander entfernt längs der TMB. Fast alle Hütten sind nur von Juli bis Anfang September geöffnet. Die genauen Öffnungs- bzw. Schließungstage hängen vom Wetter ab. Bei einigen dieser Unterkünfte muß die Dusche separat gezahlt werden (FF 10-20). Das Tragen der Wanderschuhe in den Räumlichkeiten ist untersagt, Hüttenschuhe werden selten gestellt, deshalb empfiehlt es sich, eigene mitzunehmen (Turnschuhe werden auch akzeptiert). Auch ist nicht immer Klopapier vorhanden, am besten steckt man sich eine Rolle in den Rucksack.

🏠 Gîtes d'étapes

Die **Gîtes d'étapes** (Etappenunterkünfte) befinden sich in den Dörfern längs der Wanderwege und sind wie die Refuges auf Wanderer, aber auch auf Radfahrer und Reiter ausgerichtet. Viele sind das ganze Jahr über geöffnet, andere nur während der Saison. Sollte kein Restaurant angegliedert sein, kann man auf Bestellung meist Frühstück und warme Mahlzeiten serviert bekommen.

In der Regel sind die Unterkünfte mit Mehrbettzimmern, Gemeinschaftsraum, Münzküche, WC, warmen Duschen und Stromanschluß ausgestattet. Je nach Standard liegen die Preise zwischen FF 50 und FF 80 pro Nacht, mit HP zwischen FF 150 und FF 220.

📖   Das *Maison des Gîtes de France et du Tourisme Vert* gibt jährlich ein Verzeichnis aller Gîtes d'étapes in Frankreich heraus. Jede Region hat ein dickes Kapitel mit Preisen, Öffnungszeiten, Ausstattung, etc. Das Buch ist im Buchhandel erhältlich.

◆   Maison des Gîtes de France et du Tourisme Vert, 59 rue Saint Lazare, 75439 Paris, ☎ 01/49707575, FAX 42812853).

⚠ Camping

Viele Berghütten haben neben dem Haus einen ausgewiesenen Zeltplatz, so daß auf das Duschen und Halbpension nicht verzichtet werden muß. Wild-campen ist, außer im Naturschutzgebiet der Aiguilles Rouges (☞), erlaubt. Längs der TMB finden sich eine ganze Menge Traumplätze. Bei Camping-plätzen rund um Chamonix empfiehlt sich während der Hauptsaison eine Reservierung.

🛏 Hotels

Wo die TMB auf Dörfer stößt, findet sich eine Auswahl an Hotels unter-schiedlichen Standards (☞ Tips bei den jeweiligen Etappen).

Trinkwasser

Gerade im Hochsommer kann die Sonne im schattenlosen Gelände stark brennen. Immer gilt: viel trinken! Grundregel ist außerdem, seinen Wasser-vorrat vor Beginn der Tour in der Unterkunft aufzufüllen (mind. 1 Liter).

Unterwegs gibt es immer wieder die Möglichkeit, seine Flasche(n) nach-zufüllen, ob in gefaßten Quellen, Brunnen oder kleinen Wasserläufen. Es empfiehlt sich, stehende Gewässer zu meiden. Bei Bächen ist darauf zu ach-ten, daß sie nicht von Tieren benutzt werden.

Chamonix

Chamonix

ℹ Office de Tourisme de Chamonix Montblanc, 85 place du Triangle de l'Amitié, ☎ 04/50530024, FAX 50535890, 📧 <info@chamonix.com>, 🖥 <http://www.chamonix.com>

🚉 Stadtbahnhof (St-Gervais/Vallorcine Linie), ☎ 08/36353535.

🚌 ☎ 04/50273006, Abfahrt vor dem Bahnhof, Verbindungen nach Annecy, Genf, Grenoble, Courmayeur, Aoste, Turin und den Hauptstationen im Pays du Montblanc.

◆ Montblanc Bus, ☎ 04/50530555.

🚗 Autovermietung: Europcar, ☎ 04/50536340.

◆ Taxi ☎ 04/50531394.

🛏 In und um Chamonix findet sich eine riesige Auswahl an Hotels unterschiedlichster Preisklassen und Komfort. Reservationszentrale ☎ 04/50532333, FAX 50535890, 📧 <reservation@chamonix.com>

🛏 Sehr zentral gelegen, mit einer "Hausmutter", wie es sie nur in Frankreich gibt: Hotel Le Clocher, Impasse de l'Androsace (Parallelstraße zum Maison de la Montagne), ☎ 04/50533027, FAX 50537319.

⛺ La Mer de Glace ☎ 04/50530863, Deux Glaciers ☎ 04/50531584, Les Rosières ☎ 04/50531042, u.a.

🏊 Hallenbad (25 m Bahn), Espace Nautique O'lympide, tgl. 🕐 10:00-20:00 (ab 1. Sept. 15:00-20:00), Eintritt FF 25 (mit Gästekarte FF 20), ☎ 04/50530907.

✚ ☎ 04/50538400.

◆ Notfallarzt (nachts/sonntags,) ☎ 04/50534848, ☎ 04/50533679.

◆ Ambulanz, ☎ 04/50534620.

🛩 Panoramaflüge per Helikopter (10 Min. FF 350 p.P.), ☎ 04/50541382.

🎬 Kinoprogramme ☎ 04/50530339. Place Balmat, Eintritt FF 44.

◆ Beliebte Pubs in Chamonix-Süd: "le Jekyll" und "l'Arbate" (Live-Musik, junges Publikum).

🦌 Wildpark "Parc Animalier de Merlet" bei Les Houches mit Gemsen, Damhirschen, Mufflons, Murmeltieren, Steinböcken und sogar Lamas. Schöner Blick vom Restaurant und der Kapelle (1.534 m).

Anfahrt vom Bahnhof Les Houches 3 km in Richtung Coupeau, dann rechts in einer Kurve in eine Waldstraße einbiegen. 🕐 Mai-September 10:00-18:00, Juli/August 9:30- 20:00, Eintritt FF 24, ☎ 04/50534789.

Alpine Information

ℹ️   Maison de la Montagne, Place de l'Eglise,. 15.Juni-15.September, tgl. 🕐 8:45-12:30 + 14:30-18:15, ☎ 04/50532208.

♦   Compagnie des Guides, im gleichen Haus, tgl 🕐 8:30- 12:00 + 15:00-19:30, ☎ 04/50530088, FAX 50534804.

♦   Association Internationale des Guides du Montblanc, 98 rue des Moulins, tgl. 🕐 10:00-12:30 + 16:00-19:00, ☎ 04/50532705, FAX 50538319.

♦   Alpenverein (Club Alpin Francais), ☎ 04/50531603.

☔   Météo France ☎ 06/36680274. Am Maison de la Montagne sowie beim Office du Tourisme hängen die Wetterprognosen 3x tgl. neu aus.

"Welthauptstadt für Ski und Alpinismus" nennt sich Chamonix stolz. Durchaus zu Recht, wenn man die privilegierte Lage, die Alpingeschichte, die ungeheure Infrastruktur an Seilbahnen, die öffentlichen Verkehrsmittel, die Vielzahl an Trekkingmöglichkeiten, an Bergführern, den perfekten Bergrettungs-Service, etc. betrachtet.

Und doch, glücklicherweise ist Chamonix ein Dorf geblieben. Ein Dorf mit Stadtcharakter, vorausgesetzt man kommt in der Hauptsaison. Dann tummelt sich internationales Volk auf den Straßen, flaniert durch die Souvenirshops, verstopft Bars und Discos, schlemmt sich durch von der rustikalen Dorfkneipe bis zum Gourmettempel, von der Crêperie bis zur Sushi-Bar.

Sich in ein Straßencafé zu setzen und Menschen zu beobachten, ist in Chamonix alles andere als langweilig. Es gibt wenige Orte, wo sich "haute chic" und legere Freizeitkluft so zwanglos mischt. Neben Herren im Maßanzug und gepflegten Damen im Nerzcape oder Minirock bewegen sich Naturfreaks in rustikaler Montur, Hausfrauen mit Halbschuhen und Tagesrucksack oder Bergsteiger mit riesigen Rucksäcken, an denen klirrende Karabiner, Steigeisen und Eispickel baumeln. Und alle verdrehen sie sich den Hals nach dem berühmten Bergpanorama, daß sich so unmittelbar über den Dächern der Stadt erhebt und bei einem Bummel allgegenwärtig ist.

Außerhalb der Saison ist "tote Hose", absolute Provinz, die Straßen leer, viele Geschäfte und Hotels geschlossen. Chamonix erholt sich (Oktober-November, Mai).

Nach architektonischen Maßstäben kann man Chamonix nicht gerade als schön bezeichnen: zu viele klotzige Gebäudesünden, zu viele Touristenfallen und zu viele Autos, die die Straßen verstopfen. Dennoch gibt es in den engen Gassen noch genügend alte Bausubstanz zu entdecken: verschnörkelte Hotelfassaden, solide Chalets mit der Patina von Generationen, umgebaute Heuschober etc.

Stadtbummel

Ein Bummel durch die Stadt gestaltet sich bei Wandergästen immer sehr ähnlich. Ob vom Hotel oder vom nahen Bahnhof, der Weg führt zum lebensgroßen Bronzedenkmal der Erstbesteiger auf der **Pont de Cour**, wo der Kristallforscher **Jacques Balmat** mit ausgestrecktem Finger dem Genfer Forscher **Horace-Bénédicte de Saussure** neben sich den Weg auf den Gipfel zeigt. In der Tat türmt sich hier das Montblanc-Massiv ganz phantastisch über den Dächern von Chamonix auf.

Vom Denkmal ist es ein Katzensprung zum **Maison de la Montagne**, dem Bergführerbüro bei der Kirche. Die ehemalige "Priorei" beherbergt heute die meisten Dienststellen, die sich mit Alpentourismus befassen. Hier hängt im Schaukasten dreimal täglich aktuell und detailliert der Wetterbericht aus. Wer dort das Glück hat und "Grand beau temps" (eine anhaltende Hochdruck-Wetterlage) liest, kann sich auf eine gelungene Tour de Montblanc freuen.

⌘   Das **Musée Alpin** erzählt von den Höhepunkten aus der Geschichte des Tals, von der Eroberung des Montblancs, seiner wissenschaftlichen Erforschung und den Anfängen des Skisports in der Region.

Zusätzlich finden Sie in dem Museum die üblichen Sammlungen von Gegenständen, die mit dem Alpinismus und dem Alltagsleben der Bergbauern im 19. Jahrhundert zu tun haben. Sehenswert ist außerdem eine Kollektion höchst imposanter Bergkristalle.

Leider haben die tragischen Ereignisse des letzten Jahres bis ins Museum ihre Spuren hinterlassen. Vom Brand des alten Kasinos wurde die ganze Fußgängerzone, wo auch das Museum liegt, in Mitleidenschaft gezogen. Die Wiederaufbauarbeiten sind zwar beendet, aber die stark beschädigten Gemälde Gabriel Loppés (1825-1913), des großen Malers aus dem Tal, waren Ende 1999 noch nicht restauriert.

♦   **Musée Alpin**, La Résidence (Fußgängerzone), tgl. ◰ 14:00-19:00, Eintritt FF 20, ☎ 04/50532593.

✝   Ein Brand, der 1522 das Dörfchen Chamonix zerstörte, hat nur den Glockenturm der **Kirche** halbwegs unversehrt gelassen. Dieser überstand 1758 erneut einen Brand, erst in der Französischen Revolution schlug man ihm die Spitze ab. Mit Fronarbeiten und Spenden wurde 1807 der Wiederaufbau mit elegantem Zwiebelturm beendet.

Altes Savoyer Handwerk

Durch den technischen Fortschritt sind nur noch wenige alte Handwerksberufe erhalten. Einen der letzten Vertreter einer Tradition, die untrennbar mit dem Hirtenleben verbunden ist, findet man mitten in Chamonix. In der Familie Devouassoud werden seit 1829 Kuhglocken hergestellt. Jede Stahlglocke hat sein eigenes Timbre, und die Hirten verbringen manchmal Stunden in der Werkstatt, um diejenige zu finden, die ihrer Herde den richtigen Klang geben wird. Für einen Nachfolger scheint glücklicherweise auch schon gesorgt zu sein. Und so werden weiterhin die Almen nicht stumm bleiben, und der melodiöse Klang unzähliger Glocken weiterhin die Bergtäler erfüllen.

Geschichte

Das Tal von Chamonix erstreckt sich etwa 23 km vom Vozapaß bis zum Balmepaß. Wie ein tiefes U geschnitten, trennt es die Gebirgskette der Aiguilles Rouges (die Roten Nadeln) vom Montblanc-Massiv. Zur Quartärzeit wurde dieser Riesentrog von einem gewaltigen Gletscher ausgehöhlt. Wo heute Chamonix liegt, gab es vor ungefähr 10.000 Jahren eine Eisdecke von mindestens tausend Metern Dicke.

Auf einem Pergament aus dem Jahr 1.091 taucht zum ersten Mal der Name Chamonix auf. In diesem Schreiben übergibt Aimon, der Graf von Genf, den Landstrich an das Kloster Saint-Michel-de-la-Cluse. Die Mönche lassen sich nieder, und so beginnt die Geschichte des Priorats von Chamonix, das 1520 an die Stiftskirche von Sallanche angeschlossen wird und 695 Jahre überdauert.

Ein alter Gebirgsriegel macht das Tal lange Zeit unzugänglich. 1860 gelang Napoléon III. die beschwerliche Reise. Er wollte die neue Provinz Savoyen, die kürzlich an Frankreich angeschlossen wurde, erkunden. Er versprach eine neue Straße, die sieben Jahre später tatsächlich fertiggestellt wurde. Große Postkutschen konnten nun die Reise bewältigen und brachten die ersten, dann immer mehr und mehr Touristen.

Doch den eigentlichen Aufstieg zur Berühmtheit verdankt Chamonix der Abenteuerlust einiger unerschrockener Männer. Die ersten kamen 1741 in Gestalt zweier Engländer, Windham und Pocock. Sie organisierten die erste Expedition auf den Montenvers-Gletscher. Kurz danach ist es das Gesprächsthema in den Genfer Salons.

Einige Jahre später, 1760, meint der Genfer Naturforscher Horace Bénédict de Saussure, eine wissenschaftliche Bedeutung in der Besteigung des Montblanc-Gipfels zu sehen und verspricht dem Erstbesteiger eine hohe Belohnung. Alle unternommenen Expeditionen scheitern. Warum? Laut Aberglauben kann niemand die Nacht im Hochgebirge lebendig überstehen.

Im Jahr 1786 wagen wieder zwei Karawanen den Aufstieg, doch das schlechte Wetter zwingt sie zur Umkehr. Bis auf einen. Der stählerne Wille des Kristallschleifers Jacques Balmat läßt ihn die Nacht auf dem Gletscher überdauern und den Aberglauben brechen. Nach eingehender Erkundung des Geländes am folgenden Tage kehrt er zurück. Er gewinnt Dr. Piccard (in Chamonix geboren) für eine nächste Expedition. Beide verbringen die Nacht auf dem Gipfel des Coteberges und erreichen am 8. August 1786 um 18:23 Uhr gemeinsam den Gipfel. Mit angehaltenem Atem hat ganz Chamonix diese Erstbesteigung durchs Fernrohr verfolgt.

Sofort danach möchte auch Saussure es schaffen, doch das schlechte Wetter hält ihn zurück. Erst im August des folgenden Jahres kann er seine Expedition verwirklichen. Am 1. August startet er mit einer Mannschaft, u.a. mit Jacques Balmat. Nicht nur die wissenschaftliche Ausrüstung wurde mitgeschleppt, Herr Saussure liebte die Bequemlichkeit, in seiner persönlichen Habe befanden sich sogar Pantoffeln. Nach drei Tagen erreicht die Expedition ihr Ziel. Es ist die erste wissenschaftliche Besteigung, die allen anderen zum Vorbild wird. Mit seinen zahlreichen, selbst entwickelten Meßapparaten

hat er die Gesetze, denen die Gletscher gehorchen, analysiert und niederge-
schrieben. Sie gelten noch heute als wertvolle Zeugnisse.

Die erste Montblanc-Besteigung einer Frau fand 1808 statt. Doch Marie
Paradies wurde eher hinaufgetragen, während Henriette d'Angeville 1838
den Gipfel mit ihren eigenen Füßen bestieg. Ihr Buch trägt das Motto: "vou-
loir c'est pouvoir"- Wollen ist Können!

Mit der Erstbesteigung begann der Alpinismus. Die Kunde davon ging um
die ganze Welt und die Angst vor den Bergen war geschwunden. Der euro-
päische Adel und die Geldaristokratie interessierten sich ganz plötzlich für
die Berge. Chamonix wurde zum Geburtsort des "haute chic". Vor allem rei-
che Engländer brachen in die Alpentäler auf, getrieben vom Ehrgeiz, als erste
auf den hohen Gipfeln zu stehen.

Die damals so außergewöhnlichen Aufstiege auf den Montblanc zählen
inzwischen zu den Klassikern. Längst sind es nicht mehr nur die Reichen,
ganze Heerscharen wandern hinauf und treten sich besonders in den Hütten
auf die Füße. Im allgemeinen werden zwei Tage zur Gipfelbesteigung vorge-
sehen. Voraussetzung sind Bergsteigererfahrung und -ausrüstung sowie
Bergführer.

Und die Geschichte setzt sich fort mit Erstbesteigungen aller umliegenden Gipfel. Chamonix entwickelt sich mehr und mehr zur Bergsteigermetro-
pole. Seit in Chamonix 1924 die erste Winterolympiade ausgetragen wurde,
hat sich das Städtchen zu einem der bestausgerüsteten Ski- und Trekkingorte
der Alpen entwickelt.

Mit dem Bau des **Montblanc-Tunnels** wurde dann auch die Verkehrslage
optimiert. Der Tunnel verbindet Chamonix direkt mit dem Aosta-Tal, und die
Stadt profitiert seither auch von der Vielzahl italienischer Gäste.

Mögen sich die alpinistischen Leistungszentren heute auch etwas verla-
gert haben, nie hat Chamonix seine magische Anziehungskraft verloren. Statt
der knapp 4.000 Einwohner von 1930 leben heute etwa 10.000 Menschen
dort, natürlich größtenteils vom Fremdenverkehr. Über eine halbe Million
Gästebetten stehen in der Region bereit. Im August strömen täglich bis zu
80.000 Touristen ins Tal. Die meisten sind "Wiederholungstäter". Selbst für
die eifrigsten Fans sind die Traumtouren und Ziele der Umgebung uner-
schöpflich.

Die "Compagnie des Guides" und das Bergsteigerfest

Die weltbekannte Bergführervereinigung von Chamonix wurde 1821 gegründet. Eine Schneelawine begrub 1820 drei Führer aus Chamonix unter sich. Dieses Unglück war Anlaß zur Gründung der Vereinigung und eines Fonds, der die Hinterbliebenen vor der ärgsten wirtschaftlichen Not bewahren sollte (sämtliche Einnahmen des Bergsteigerfestes fließen in diesen Fond).

Längst haben die Bergführer ihr Tätigkeitsfeld ausgeweitet, leiten Trekkingtouren und Expeditionen in den Anden oder im Himalaya und waren bei vielen Erstbesteigungen dabei. Doch als eigenständige Unternehmer können die Führer längst nicht alle vom Bergsteigen leben, denn der Beruf ist ausgesprochen wetter- und saisonabhängig. Viele haben deshalb noch eine zweite Beschäftigung, als Hotelier, Handwerker oder Skilehrer.

Am 15. August jeden Jahres steigt keiner von ihnen auf einen Gipfel. An diesem Tag gedenken die Mitglieder der Compagnie des guides de Chamonix ihrer toten Kameraden. Unter Kirchengeläut marschieren sie am frühen Morgen durch das Dorf zum Friedhof. Auf zwei Tafeln sind seit 1820 alle Verunglückten aufgeführt. Gleich beim Eingang ist das Grab Edward Whympers, der den Impuls zu vielen Erstbesteigungen in den Alpen gab. Meist begleitete ihn Michel Croz, einer der legendärsten Figuren der Vereinigung. So auch bei der Erstbesteigung des Matterhorns 1865.

"Balmat Georges, Balmat Jean-Paul, Balmat Lucien...": 219 Namen werden an diesem besonderen Morgen vor der Kirche aufgerufen. Das berühmte Bergsteigerfest, die "Fête des Guides", setzt sich nach dem Gang zum Friedhof mit diesem Appell fort. Einer nach dem anderen steigen die Aufgerufenen die Stufen der Kirchentreppe hinauf. Und alle sind sie gleich gekleidet: der dunkelblaue Kittel, an dem die begehrte Medaille steckt, weißes Hemd mit Krawatte, beige Knickerbocker, weiße Socken mit traditionellem schwarzem Muster. Am Nachmittag zeigen sie sich dann völlig verwandelt im modernen Alpinistendress. Bei den Gaillandsfelsen 2 km außerhalb Chamonix' bieten sie eine perfekte Demonstration ihres Könnens: Freeclimbing am Felsen, klettern einen Wasserfall hinunter...vor tausenden Schaulustigen, die sich am Fuß der steil aufragenden Felsen niedergelassen haben. Den Abschluß der Vorführungen bildet die Rettung eines Verletzten per Helikopter aus der Felswand.

Der Montblanc-Tunnel

Im Dezember 1958 wurde mit der Tunnelbohrung auf italienischer Seite begonnen, sechs Monate später auch auf der französischen Seite. Man kam etwa 8 m pro Tag voran. Mehr als 3 Mio t Gestein wurden zu Tage gefördert.

Im August 1962 trafen die beiden Hälften zusammen. Drei Jahre später fuhren die ersten Autos durch die bis 1978 längste unterirdische Straße der Welt: eine 11,6 km lange Tunnelröhre, die sich 1.300 m unter dem Eis des Géant-Gletschers erstreckt.

Heute sieht die damalige Euphorie anders aus. Das Unglück, der Brand im März '99, hat 44 Menschenleben gekostet und noch viel mehr. Er hat die italienischen Gebirgsorte von seinen französischen Nachbarn im Norden des Massivs getrennt.

Die Menschen auf beiden Seiten leben seit langem vom Massentourismus, der sich nun rar macht und hohe Einbußen hinterläßt. Gastronomische Betriebe und Hotels klagen, das Spielcasino und die Zahnärzte von Chamonix stöhnen, manche Tankstelle mußte schließen usw.

Naturliebhaber hingegen freuen sich über den fehlenden Autolärm und die gute Luft, die nun klarer denn je ist. "Wegen des Smogs haben sogar die Schmetterlinge unser Hochtal gemieden, jetzt aber sind sie zurückgekehrt", sagt ein Bewohner aus dem italienischen Val Veni.

Wann der Tunnel genau wieder aufmachen soll, ist ungewiß. Manche sagten, zu Beginn des Jahres 2000, jetzt wird behauptet, eine Wiedereröffnung im Herbst 2000 sei noch zu optimistisch.

🚡 Per Seilbahn erreichbare Aussichtspunkte um Chamonix

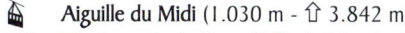

🚡 **Aiguille du Midi** (1.030 m - ⇧ 3.842 m)
Sicherlich die spektakulärste Seilbahnfahrt in den französischen Alpen. Bis zur Zwischenstation **Plan de l'Aiguille** wird in 8 Min. ein Höhenunterschied von etwa 1.300 m bewältigt. Rechts der Blick auf das Massiv und den Gipfel

des Montblanc, links auf die **Aiguille Verte**, die **Drus** und die **Aiguilles de Chamonix**.

Die Zwischenstation ist ein beliebter Abflugplatz unzähliger Gleitschirmflieger, aber auch ein guter Ausgangspunkt für leichte Wanderungen in die Umgebung.

Von Plan de l'Aiguille (2.317 m) geht es in weiteren 8 Min. auf 3.842 m. Sie "überfliegen" die Schründe des Pélerinsgletschers. Die zwei Gipfeltürme aus braunem Granit sind von Tunnels durchlöchert und mit bizarrer Stahlkonstruktion geknebelt.

Die Bergstation der Seilbahn auf dem Nordpfeiler (*Piton Nord*) trennt eine tiefe Schlucht, über die eine Brücke führt (beeindruckender Blick auf den **Glacier des Bossons**), vom eigentlichen Gipfel, dem Piton Central. Ein Fahrstuhl saust zur Gipfelterrasse.

Oft kann man in dem Gletscher- und Gipfelmeer alpine Seilschaften beobachten. Gewagte Gleitschirmflieger starten etwas unterhalb der Bergstation, um dann möglichst direkt in Chamonix zu landen.

Spektakulär ist die Weiterfahrt mit der **Helbronner Gondelbahn**. Rund 5 km schweben Sie über das Gletscherbecken des **Glacier du Géant**, eine gewaltige Landschaft (*Vallée Blanche*) aus Gletscherspalten und Eisnadeln. ⇔ mind. 3 Std., ⇔ FF 196, ☎ 04/50533080.

🚃 **Zahnradbahn** zum **Montenvers** und **Eismeer** (*Mer de Glace*)
Die Zahnradbahn (*Chemin de Fer de Montenvers*, nahe Hauptbahnhof) überbrückt auf einer 5 km langen Strecke einen Höhenunterschied von 870 m.

Von einer Schweizer Dampflokomotive (wird heute auf der Bahnhofsplattform ausgestellt) gezogen, setzte sie sich 1908 das erste Mal in Bewegung. Damals wurde die Steigung von 20% mit 6 km/h zurückgelegt. Seit die Strecke modernisiert wurde, beträgt die Spitzengeschwindigkeit der Bahn immerhin 20 m/h.

Mit einer Oberfläche von 30 km^2 ist das **Eismeer** nach dem Aletschgletscher der zweitgrößte Gletscher der Alpen und der größte Frankreichs

(40 km², 14 km lang, 200-400 m tief). Der Blick auf die Eismassen ist beeindruckend.

Einen Blick ins Innere kann jeder werfen, der sich mit einer Gondel zur **Eisgrotte** hinunterbefördern läßt. Der Standort der Grotte wird entsprechend der Gletscherbewegung festgelegt und jedes Jahr wieder neu ins Eis gegraben.

Oberhalb des Bahnhofs schlängelt sich ein Serpentinenweg zum Aussichtspunkt **Signal de Forbes** (2.198 m) hinauf.

Das **Montenvers-Hotel** (☎ 04/50530033, 🛏 Juni-Sept.) ist ein beliebter Ausgangspunkt für zahlreiche Gebirgs- und Gletscherwanderungen in die Umgebung.

Der Naturtempel, die älteste Schutzhütte in den Alpen (um 1776 errichtet), steht heute unter Denkmalschutz und dient im Sommer als Zweigstelle des Alpin-Museums von Chamonix. Fahrt ⇔ FF 76, 🏛 ☎ 04/50531254.

🚶🚶   Anstelle einer Rückfahrt empfiehlt sich ein Abstieg über den historischen Maultierpfad, auf dem schon so berühmte Persönlichkeiten wie die Kaiserin Josephine, Napoleon III., Goethe, Victor Hugo... gewandelt sind.

🎿   **Les Bossons** - **Chalet du Glacier** (1.020 m - ⇧ 1.410 m)
Beim Anblick des mächtigen 7 km langen Bossonsgletschers aus dieser Nähe hält man unwillkürlich den Atem an. Die Firnblöcke bilden hier eindrückliche Eispyramiden, die in glitzernden blau-weiß-Tönen schillern. In der Hauptsaison werden sie außerdem an bestimmten Tagen nachts beleuchtet und erstrahlen im Licht.

🚶🚶   Empfehlenswert ist eine Wanderung zum **Chalet des Pyramides** (1.895 m, ca. 2 Std.) oder weiter auf "historischem" Weg zu **Balmats Lager** (2.538 m) und der **Jonction** (2.589 m). An dieser "Vereinigung" trennt der **Montagne de la Côte** die bizarren Eisstrudel des **Bossonsgletschers** vom **Tocannazgletscher**. Fahrt ⇔ FF 50, ☎ 04/50531239.

🚠   **Le Brévent** (1.095 m - ⇧ 2.525 m)
Einer der besten Aussichtspunkte auf den Montblanc und den Bossonsgletscher bietet der Brévent.

Nach seiner Brévent-Besteigung schrieb Saussure: "Ich war noch nicht an ein so großartiges Schauspiel gewöhnt...diese Sicht hat in meinem Gedächtnis einen unvergänglichen Eindruck hinterlassen..."

Schon die Zwischenstation Planpraz bietet einen wunderbaren Ausblick. Fahrt ⇔ FF 81, ☏ 04/50531318.

🚠   **La Flégère** (1.060 m - ⇧ 1.894 m)
wird per Seilbahn von Les Praz (der Weiler ist 2 km von Chamonix entfernt) erreicht. Hier haben Sie einen der besten Blicke auf das Eismeer. Wer sich die Mühe macht, kann 14 Gletscher zählen.

🏃🏃   Ein Abstecher zum **Lac Blanc** (1½ Std.) ist lohnenswert und deshalb sehr beliebt. Flégère ist nur die Zwischenstation, Endstation ist **L'Index** (2.385 m). Die Fahrt führt parallel zum Hang in etwa 1 Std. zum See. Fahrt ⇔ FF 81, ☏ 04/50531858.

🚠   **Lognan** (Talstation bei Les Chosalets) - **Grands-Montets** (⇧ 3.260 m), Fahrt ⇔ FF 137. Ein gemütlicher Ausflug

🚠   **Le Tour** (4 km von Argentière) - **Charamillon- Balme** (⇧ 2.191 m). 15 Min. Aufstieg zum Balme-Paß (Franz-Schweiz. Grenze). Fahrt ⇔ FF 71.

🚠   **Les Houches - Bellevue** (⇧ 1.812 m). Schöner Blick auf die Bionnassayspitze. Zustiegsmöglichkeit: Mittelstation der Tramway du Montblanc. Fahrt ⇔ FF 70, ☏ 04/50544032.

🚠   **Les Houches - Prarion** (1.967 m). Das letzte Stück zum Aussichtspunkt mit Orientierungstafel muß zu Fuß zurückgelegt werden. Herrlicher Rundblick für den, der Richtung Norden auf dem Kamm bis zum eigentlichen Gipfel wandert (⇔1 Std.). ⇔ FF 70, ☏ 04/50544265

🚞   Die Zahnradbahn **Tramway du Montblanc** fährt von St-Gervais-les-Bains/Le Fayet bis Le Nid d'Aigle am Glacier de Bionnassay (2.386 m).

Die Bahnlinie, 1904 begonnen, sollte ursprünglich bis auf den Gipfel des Montblanc führen. Das Bauvorhaben wurde dann aber wegen allzu großer Schwierigkeiten am Nid d'Aigle eingestellt, ⇔ FF 130.

🏃 Von der Bergstation bis zur Gletschermoräne benötigt man etwa 1 Std. für Hin- und Rückweg.

Es ist eine eindrucksvolle Wanderung durch wilde Gletscherlandschaft.

☺ Die Zahnradbahn zum Montenvers sowie die Seilbahn Aiguille du Midi stehen das ganze Jahr über in Betrieb, die Tramway du Montblanc von Juni bis Anfang Oktober, die restlichen Seilbahnen fahren zwischen Juni und Anfang September.

Montblanc-
Rundweg
TMB

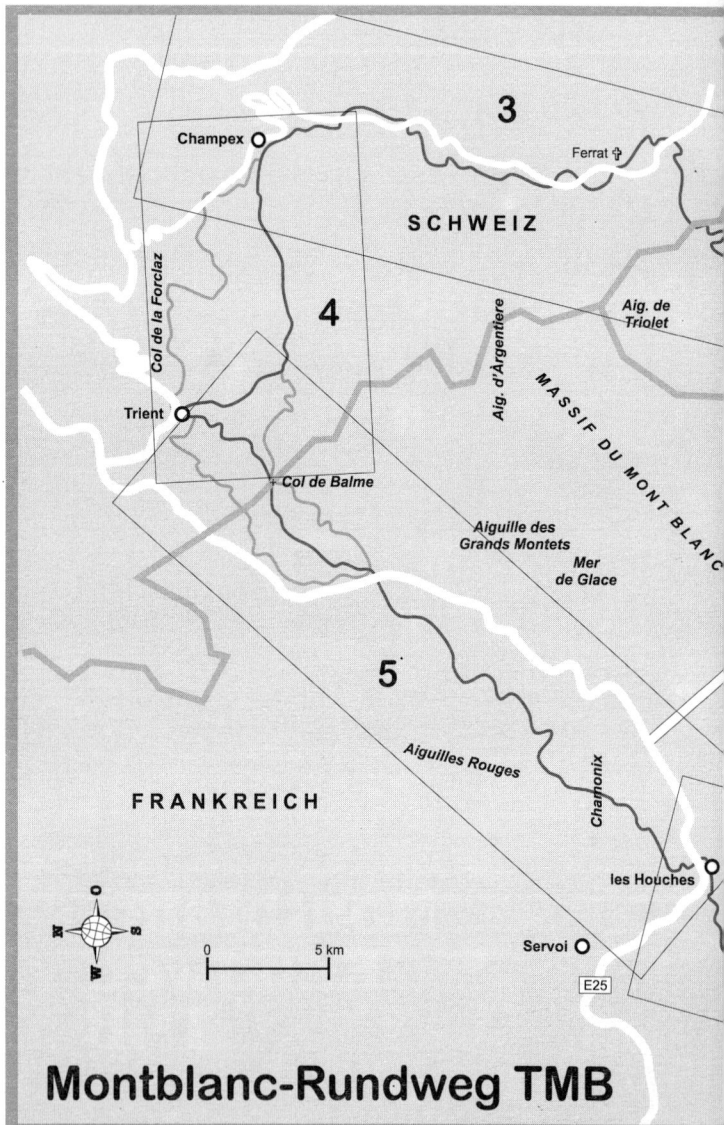

Montblanc-Rundweg TMB

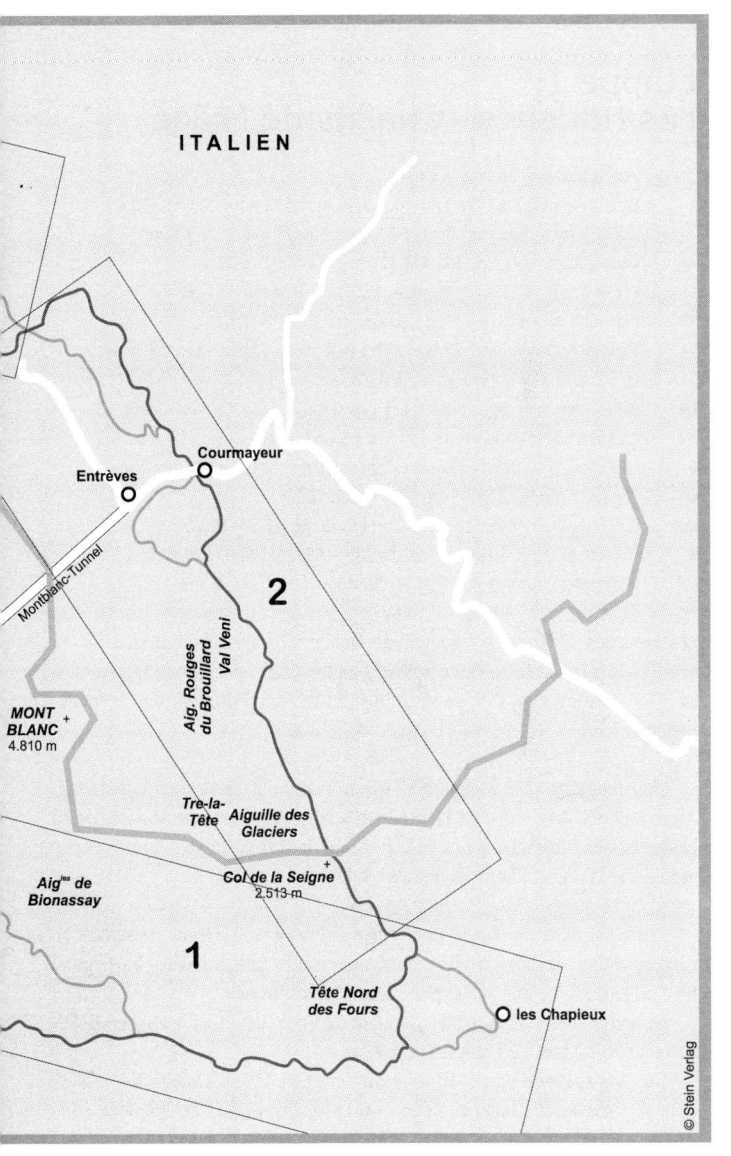

Etappe 1:
Les Houches - Chalets de Miage

⧖   insg. 6 Std. ⇧ 1.367 m, ⇩ 761 m
          Bahnhof Les Houches (980 m) - Col de Voza (1.653 m): 2 Std. ⇧ 700 m,
          Col de Voza - Chalets de l'Arc (1.600 m): 1¼ Std ⇧ 147 m , ⇩ 200 m,
          Chalets de l'Arc - Col du Tricot (2.120 m): 1½ Std. ⇧ 520 m,
          Col de Tricot - Chalets de Miage (1.559 m): 1¼ Std ⇩ 561 m.

⮵   Prarion (1.969 m)

▷   **Variante A** (Hauptroute): Col de Voza - Bionnassay - Tresse - Les Contamines
          (⧖ 5 Std, ⇧ 847 m, ⇩ 633 m, ➲ 13,8 km)

🏠   Refuge Les Amis de la Nature Les Chavants/Les Houches, route de la côte des
          Chavants, ☎ 04/50544107, 🗓 15. Dez.-Ende Sept.

♦   Gîte auberge Le Crêt/Les Houches, 🗓 ganzjährig, ☎ 04/50555227.

♦   Refuge de Miage, 🗓 Juni-Sept, ☎ 04/50932291.

🛏   Chalet du Club Alpin Francais in Contamines, ☎ 04/50470088.

♦   Hotel Le Grizzli/Contamines, ☎ 04/50915655, FAX 50915700.

📖   IGN-Karte 1:25.000, 3531 ET St-Gervais

Les Houches (980 m) hat seinen dörflichen Charakter bewahren können, obwohl der Ort heute zu einer weitverstreuten Chalet-Siedlung angewachsen ist. Der Aufstieg zum Col de Voza beginnt bei der Talstation der Bellevue-Seilbahn.

Die stetige, mäßige Steigung ist genau richtig für den ersten Wandertag. Auch weil der Weg meist im Halbschatten liegt. Je höher man kommt, desto besser ist der Ausblick auf Les Houches und das obere Tal der Arve bis Chamonix. Der Weg ist identisch mit dem GR 5.

Zunächst führt die Route über einen Fahrweg westlich der Talstation an Chalets vorbei. Ab **Les Lavoets** geht es auf einem Waldpfad mäßig ansteigend bis zur Talstation eines Schleppliftes (**La Maison Neuve**).
Nun über freies Almgelände zum **Col de Voza**, dem Joch zwischen **Bellevue** (1.790 m) und **Le Prarion** (1.969 m).
Die **Normalroute** der TMB folgt ab dem Col de Voza weiter dem GR 5 über Bionnassay, le Champel, Tresse bis Les Contamines (☞ Variante A).

Gemsen sind trittsicher und schwindelfrei

☙ **Prarion (1.969 m)**
⧗ Col de Voza - Prarion ⇔ 1 ½ Std.

Bei klarer Sicht lohnt der Abstecher auf den **Prarion**. Seine Höhe knapp unter 2.000 m scheint für diese Gegend schon fast lächerlich, aber der Berg liegt exponiert zwischen mehreren Tälern und bietet so einen einmaligen Überblick. Nordwestlich auf der anderen Talseite blickt man auf das Plateau von Assy mit seiner berühmten Kirche. Ihre Ausgestaltung, an der bedeutende Künstler beteiligt waren, ist äußerst ungewöhnlich und einen separaten Abstecher wert.

Der Vorzug der nun beschriebenen **Nebenroute** über den Col de Tricot ist, daß sie zwar etwas alpiner, dafür aber weniger begangen ist. Vom **Col de Voza** (1.653 m) zieht sich ein breiter Weg entlang der Zahnradbahnlinie Tramway du Montblanc bis zum Hotel Bellevue.

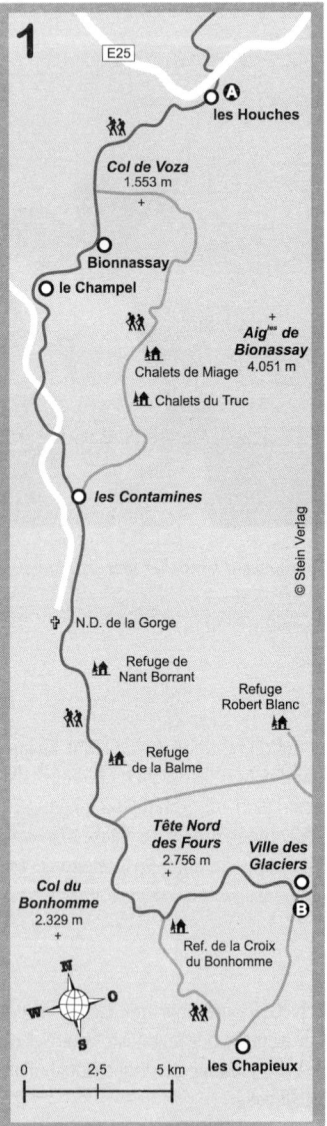

les Houches

Col de Voza
1.553 m

Bionnassay

le Champel

Aig^{lles} de
Bionnassay
4.051 m

Chalets de Miage

Chalets du Truc

les Contamines

© Stein Verlag

N.D. de la Gorge

Refuge de
Nant Borrant

Refuge
Robert Blanc

Refuge
de la Balme

Tête Nord
des Fours
2.756 m

Ville des
Glaciers

Col du
Bonhomme
2.329 m

Ref. de la Croix
du Bonhomme

les Chapieux

0   2,5   5 km

Dort angekommen, folgen Sie dem Weg nicht über die Gleise, sondern gehen rechts der Gleise entlang. An schönen Tagen herrscht hier mitunter großer Rummel, da man, bequem per Seilbahn erreichbar, einen berühmten Blick genießt: auf die lange Bergkette der **Aiguilles Rouges**, die das in nordöstlicher Richtung verlaufende Tal von Chamonix (gegenüber dem Montblanc-Massiv) begrenzen.

Hinzu kommt außerdem, daß hier die Mittelstation der Tramway du Montblanc ist, um die Massen der Montblanc-Besteiger zur Endstation **Nid d'Aigle** zu befördern, dem Beginn des Normalweges über die **Goûter**-Hütte zum Gipfel.

Kurz vor den **Chalets de l'Are** (1.600 m) zweigt der Pfad rechts ab, zur Brücke über den Gletscherbach am Ende des **Bionnassay**-Gletschers. Nach dem Abstieg zur flachen, schneefreien Gletscherzunge folgt ein Aufstieg in südlicher Richtung über steile Kehren zum **Col de Tricot** (2.120 m).

Auf dem **Col de Tricot** angekommen, weiß man die Mühen des Aufstiegs zu schätzen, denn von oben eröffnet sich ein beeindruckender Blick auf die steile Nordflanke der Dômes de Miage (3.669 m).

Der scharfe Eisgrat zieht sich vom Col de Dôme zu beiden Gipfeln hinauf und dann wieder hinab zum Col de la Bérangère.

Der Abstieg vom Paß ist steil, Sie gehen in südöstlicher Richtung bis zu den **Chalets de Miage** (1.559 m). Aber Sie können ja jetzt die Füße hochlegen, denn das Tagesziel ist erreicht.

🏠 Refuge de Miage, James Orset, ☎ 04/50932291 + ☎ 04/50780716, ▌ Juni-Sept. 30 Plätze im Schlafsaal, △ ✗

Etappe 2: Refuge de Miage - Les Contamines - Refuge de la Balme

⏳ insg. 4 Std., ⬆ 710 m, ⬇ 563 m
Refuge de Miage (1.559 m) - Chalets du Truc (1.730 m): ½ Std. ⬆ 171 m,
Truc - Notre Dame de la Gorge (1.210 m): 2 Std. ⬆ 563 m, ⬇ 43 m,
N.D. de la Gorge - Refuge de la Balme (1.706 m): 1½ Std. ⬆ 496 m.
🏠 Refuge du Truc, ☎ 04/50931248.
♦ Refuge de Nant-Borant, ☎ 04/50470357.
♦ Refuge de la Balme, ☎ 04/50470354.
📖 IGN-Karte 3531 ET St-Gervais.

Von der **Refuge de Miage** (1.559 m) ist es nach der Überquerung des Baches nur ein halbstündiger Aufstieg bis zu den **Chalets du Truc** (1.730 m). Ob das Refuge de Miage oder das Refuge du Truc sich besser zur Übernachtung eignet, ist schwer zu sagen. Beide liegen äußerst schön auf einem kleinen Plateau in exponierter Lage.

🏠 Refuge du Truc, M. Ressat, 28 Plätze im Schlafsaal, Restaurant, ▌ 20. Juni-10. Sept., ☎ 04/50931248 + ☎ 50470531.

Schon bald nach den Chalets du Truc wechselt der gut markierte Pfad in einen Forstweg, der sich durch den Wald bis zum Weiler **La Frasse** (1.263 m) hinunter zieht. Dort nicht links die TPMB-Strecke (Tour du Pays du Mont-Blanc) wählen, sondern über Fahr- und Fußwege immer weiter abwärts bis nach **Les Contamines** (1.167 m). Nehmen Sie sich Zeit für einen gemütlichen Bummel durch den Ort mit seiner hübschen barocken Kirche.

Les Contamines

ℹ   Office du Tourisme, 18 route de Notre Dame de la Gorge, BP 7,

    74117 Les Contamines, ☏ 04/50470158, FAX 50470954,

    ✍ <LesContamines@wanadoo.fr>, 💻 <http://www.lescontamines.com>

↤   Reservierungszentrale ☏ 04/50470510.

☺   Hotel Le Grizzli, 148 route Notre Dame de la Gorge, ☏ 04/50915655,

    FAX 50915700. Hübsche Zimmer ab FF 250; persönliche Atmosphäre und köstliches Frühstück.

⚠   Camping-caravaning du Pontets, ☏ 04/50470404, FAX 50471810, zwischen Les Contamines und Notre Dame de la Gorge, mit Gîte d'étape (p.P. FF 60), 🗓 Dez.-Sept.

Les Contamines (1.167 m), das letzte Dorf im Val Montjoie, liegt am Fuß des Mont Joly und der schneebedeckten Kuppen der Dômes de Miage und ist durchaus einen längeren Aufenthalt wert.

Lohnende Ausflüge

🏔   **Le Signal** (1.850 m)

Toller Blick auf die **Dômes de Miage** und das **Tré-la-Tête-Massiv.** Ab der Bergstation halbstündiger Aufstieg zum **Col du Joly** (1.989 m). Der Blick weitet sich auf das Montblanc-Massiv. Der weitere (etwas steile) Aufstieg (1½ Std.) zur **Aiguille Croche** (2.487 m) bietet ein noch besseres Panorama.

🚌   Mit dem Bus ins nahe **St.-Gervais-les-Bains** (807 m). Dank seiner Schwefelthermen gehört St.-Gervais zu den ältesten Ferienorten der französischen Alpen. Die größte Attraktion ist die Schmalspurbahn Tramway du Montblanc (☞ Chamonix).

Von Les Contamines können Sie entweder entlang der Hauptstraße Richtung Notre Dame de la Gorge oder auf einer weniger befahrenen Seitenstraße gegenüber des Flusses laufen.

Etwa nach 2 km, bevor die Straße rechtwinklig zur Brücke abzweigt, wechseln Sie in einen Fußweg östlich des Bachverlaufs. Sie passieren die idyl-

Die idyllische Wallfahrtskirche Notre Dame de la Gorge

lisch gelegene Wallfahrtskirche **Notre Dame de la Gorge** (1.400 m, GPS: N 45°47'46/E 006°42'55) eines der beliebtesten Ausflugsziele im Tal, gern auch Schauplatz für Hochzeiten sowie Startpunkt organisierter TMB-Wanderungen. Im Jahr 1706 geweiht, beherbergt ihr Inneres bemerkenswerte Beispiele der Barockkunst Hochsavoyens.

Nach der Bachüberquerung (Orientierungstafel) zieht sich ein mit großen Steinplatten gepflasterter, alter Römerweg parallel zum Bon Nant rechts durch den Wald hinauf. Nach kurzer Zeit weist ein Schild auf eine schöne Naturbrücke hin. Dann wird eine alte Römerbrücke überquert, die wunderbare Einblicke in die Klamm des Bon Nant gewährt. Wenn der Wald sich öffnet, trifft man auf die Buvette Relais Sollié ✗, kurze Zeit später auf das **Chalet-Refuge de Nant Borant** (1.392 m).

🖝   Chalet-Refuge de Nant Borant, M. Mattel, ☎ 04/50470357 oder ☎ 50471005, 35 Plätze in 5 Schlafräumen, ✗, Selbstversorgerküche, 🗓 Juni-Sept. Das Urteil eines Wanderers: unfreundliche Patronin, kein Licht in den Duschen.

Noch ein kurzer Waldaufstieg, dann öffnet sich ein weites Hochtal und in der Ferne ist schon das Tagesziel sichtbar, die Refuge de la Balme (📷 S. 111).

🏠   Refuge de la Balme, M. Didier Gut, ☎ 04/50470354 oder ☎ + FAX (privat) 50471705, 70 Plätze im Schlafsaal, Camping, Restaurant, Selbstversorgerküche, 🗓 15.Juni-15.Sept. Schlafsaal FF 60, mit HP FF 165, Zimmer mit HP FF 185.

Etappe 3: Refuge de la Balme - Col du Bonhomme - Col des Fours - Refuge les Mottets

⧖   insg. 5¾ Std., ⬆ 1.040 m, ⬇ 876 m
         Refuge de la Balme (1.706 m) - Col de la Croix de Bonhomme (2.479 m): 3 Std. ⬆ 773 m,
         Croix du Bonhomme - Col des Fours (2.665 m): 40 Min. ⬆ 186 m,
         Col des Fours - Refuge les Mottets (1.870 m: 2 Std. ⬇ 876 m, ⬆ 81 m.

⬏   Tête Nord des Fours (2.756 m), ca. 1 Std. ⬆ 91 m.

▷ **Variante B**: Abstieg nach Les Chapieux.

▷ **Variante C**: La Balme - Lacs Jovet - Refuge Robert Blanc - Refuge les Mottets: 8 Std. (ohne Abstecher zum Refuge 6½ Std.), ⇧ 1.276 m (966 m)/⇩ 1.112 m (802 m).

🏠 Refuge (CAF) de la Croix-du-Bonhomme, ☎ 04/79070528,

♦ Gîte d'alpage de Maison-Longe/Ville-des-Glaciers, ☎ 04/79070546 (vor dem 15.6.),

♦ Refuge les Mottets, ☎ 04/79070170.

📖 IGN-Karte 3531 ET St-Gervais.

Ab der Refuge steigt der Pfad nun steiler in eine wilde Szenerie hinauf. Über dem Wanderer türmen sich die Felszacken der Roches-Trandes und der Aiguilles de la Penaz. Zwischen gewaltigen Felsblöcken hindurch wird das **Plan Jovet** erreicht, wo ein Pfad links zu den **lacs Jovet** abzweigt (☞ Variante C).

Kurze Zeit später treffen Sie auf die winzige Hochebene **Plan des Dames** (2.043 m), wo sich ein Tumulus befindet. Eine Legende erzählt von einer englischen Dame, die mit ihrer Begleiterin hier im Schneesturm erfroren ist. Tradition ist seither, einen Stein zum Gedenken niederzulegen, denn das soll vor einem ähnlichen Schicksal schützen. Weniger abergläubische Menschen kontern damit, daß die Bewohner hier schlichtweg die umliegenden Steine gesammelt und aufgetürmt haben, um das Gras der fruchtbaren Mulde für die Tiere besser wachsen zu lassen.

Immer wieder müssen Schnee- und Geröllhalden überquert werden, bis der **Col du Bonhomme** (2.329 m) erreicht ist. Der Blick reicht über das langgezogene Montjoie-Tal im Norden zur klotzigen Tre-la-Tête-Gruppe im Nordosten bis zum nahen **Rocher du Bonhomme**.

Eine knappe Stunde entfernt folgt der nächste Paß **Col de la Croix du Bonhomme** (2.483 m, GPS: N 45°43'25/E 006°42'57). Er offeriert einen herrlichen Ausblick auf die Gletschermassive von **Tarentaise** im Süden und auf die Gipfel des **Beaufortain** im Westen. Einen Katzensprung unterhalb des Passes steht das gleichnamige Refuge in exponierter Lage, übrigens das höchstgelegene Domizil der TMB.

🏠 Refuge de la Croix du Bonhomme CAF, (2.443 m), ☎ 04/79884915 oder ☎ 79321049 (CAF Albertville), 🚩 15. Juni-15. Sept., 100 Schlafplätze im Sommer, 30 im Winter, ⚠ ✗ (Reservierung) Selbstversorgerküche. Übernachtung FF 80

(CAF FF 40), Abendessen FF 82, Frühstück FF 35. Übernachtungserfahrungen sind natürlich immer subjektiv, aber dieses Refuge schneidet bei mir auf der gesamten TMB am besten ab. Nicht etwa weil es besonders gemütlich ist, sondern wegen der zwei Hüttenwart-Originale, die das Refuge seit 17 Jahren bewirtschaften, gutes Essen und eine besondere Atmosphäre zaubern. Tristan, ein Bretone, und Coco aus der Provence sind unkompliziert, gesellig, und beide kochen und backen alles selbst, vom Brot über Kuchen bis zu leckeren lokalen Spezialitäten wie Polenta oder *crozet*, den Nudeln aus Schwarzmehl.

✋   Bei Nebel oder Schlechtwetter sollte man auf den etwas schwierigeren Übergang über den Col des Fours verzichten, in der Refuge nächtigen und am nächsten Tag starten. Sollte das schlechte Wetter anhalten, bietet sich eine Alternativroute an (☞ Variante B).

Vom Col de la Croix du Bonhomme ist der Aufstieg nur kurz zum **Col des Fours** (2.665 m, GPS: N 45°43'40/E 006°42'28), dem höchsten Punkt der Rundwanderung.

↯   **Tête Nord des Fours (2.756 m)**
⧗   ca. 1 Std. ⇔
⇧   91 m.

Der nur einstündige Gipfelabstecher auf den **Tête Nord des Fours** ist schon fast ein Muß, nicht zuletzt wegen seines berühmten ersten Besuchers, dem Genfer Forscher Saussure. Von oben eröffnet sich ein herausragender Einblick in die Südseite der Montblanc-Kette (nachmittags für gewöhnlich am schönsten).

Der Abstieg nach Ville des Glaciers führt extrem steil durch den Osthang des Col des Fours hinunter zum **Plan des Fours.**

☺   Wer sich hier vom Weg ab nach rechts wendet, trifft bald darauf auf den idyllischen **Lac de Mya.** Ein hervorragender Picknickplatz! Wer sich ein

Käsemeister Jean Luis in Ville des Glaciers

bißchen genauer im Fels umschaut, hat vielleicht das Glück, Steinböcke zu sichten, die sich um den Osthang des Col des Fours gerne aufhalten.

Es folgt eine steile Passage durch Schieferhänge. Nun genauer auf die rotweiße Markierung achten, die auf dem Felsbrockengewirr gerne übersehen wird. Nach dem Traversieren einiger Bäche folgt der Pfad, weniger steil, der linken Talseite bis zu den Hütten von Les Tufs (1.993 m). Über einen bequemen Weg ist schnell **Ville des Glaciers** (1.789 m) erreicht. An eine "Gletscherstadt" darf man hier nicht denken, der Name bezeichnet lediglich die letzte Häuseransammlung vor dem Gletscher im Talschluß.

☺ Einen Blick in die urige Sennerei sollten Sie auf jeden Fall werfen. Vielleicht können Sie sogar der Käseproduktion des berühmten *Beaufort* beiwohnen. Eine andere Spezialität, die nur in wenigen Sennereien zu finden ist, ist *Serac*. Der Weißkäse ist geschmacklich mit Hüttenkäse vergleichbar. Eine Auswahl an Käsesorten kann man sich vom Käsemeister im Verkaufslager zurechtschneiden lassen, ein idealer Energiespender für unterwegs.

Die letzten Meter zur Refuge les Mottets (1.870 m) sind ein Kinderspiel. Sie überqueren den **Torrent des Glaciers** und gehen nach links an seinem Ufer entlang in gemächlicher Steigung bis zur Hütte.

🏠 Refuge des Mottets, Annie Bourgeois, ☎ 04/79070170 (in Bourg-St-Maurice, kein Telefon in der Hütte), 📅 15. Juni-15. Sept., 50 Plätze im Schlafsaal, ✗, Selbstversorgerküche. Nacht FF 59, mit HP FF 170, heiße 🏛 FF 10. Die Gaststube ist urgemütlich, manchmal spielt die Hausherrin Akkordeon, der Schlafsaal ist unangenehm. Die Refuge produziert ihren Strom mit eigener Turbine . Ein besonderer Service sind die Esel: für FF 50 kann man sich mit Gepäck zum Col de la Seigne hinauftragen lassen. Bis jetzt ist noch ungewiß, ob diese Aktion fortgeführt wird.

Etappe 4: Refuge les Mottets - Col de la Seigne - Val Veni/Col de Chécroui

⏳ insg. 7 Std., ⇧ 1.051 m, ⇩ 965 m

Les Mottets (1.870 m) - Col de la Seigne (2.516 m): 2½ Std. ⇧ 646 m.

Col de la Seigne - Lac Combal (1.970 m): 1¾ Std. ⇩ 546 m.

Lac Combal - Col de Chécroui (1.956 m): 2¾ Std. ⇧ 405 m, ⇩ 419 m.

🏠 Rifugio (CAI) Elisabetta Soldini (2.035 m), ☎ (0039) 0165/844080.

♦ Rifugio de Maison-Vieille (Col de Chécroui, 1.956 m), ☎ (0039) 0337/230979.

🚌 Abkürzung: Vom Restaurant Chalet de Miage regelmäßige Busverbindung nach Courmayeur.

▷ **Variante D** durch das Val Veni.

▷ **Variante E** vom Col de la Seigne - Col di Chavannes - Arp superiore.

📖 IGN-Karte 3531 ET St.-Gervais.

Der Pfad ist gut markiert und windet sich in großen Schleifen über weite Alpweiden zum **Col de la Seigne** (2.516 m, GPS: N 45°45'11/E 006°48'42) hinauf. Unterwegs können Sie grandiose Ausblicke auf den **Glacier des Glaciers** genießen, darüber türmt sich der **Dôme de Neige** und die **Aiguille des Glaciers**. Als kleiner Punkt in der Gletscherwelt die Refuge Robert Blanc.

Auf dem Paß markiert eine große Steinpyramide die franz.-italien. Grenze. Uralt soll der Paßübergang sein, angeblich zog schon Hannibal auf seinem sagenhaften Marsch nach Rom hier durch.

ℹ Der Ausblick ist atemberaubend: links die Firnkuppe des Montblanc, die unmerklich zum **Montblanc de Courmayeur** übergeht. Von dort stürzen die Felsbastionen des **Brouillard-** und **Peutereygrats** kaskadenförmig ins **Val Veni**. Davor ragt die Nadel der **Aiguille Noire de Peuterey** zwischen den seltsamen Kalkpyramiden der **Calcaires** heraus. Im Talgrund, von der gewaltigen Randmoräne des **Glacier de Miage** gestaut, liegt die Hochfläche des **Lac Combal**. Darüber ragt in der Ferne der **Grand Combin**.

Der Abstieg erfolgt über weite Alpwiesen und die **Alpe supérieure de la Lée-Blanche** in das gleichnamige weite Hochtal. Oberhalb der Stallungen der Alpe inférieure thront die **Elisabetta-Hütte** in einzigartiger Lage vor dem gewaltigen Eisstrom des **Glacier de la Lée-Blanche**.

🏠 Rifugio Elisabetta Soldini, (CAI), Alessandro Grange,
☎ (0039) 0165/844080 + ☎ 0165/809830, 🗓 20. Juni - 3. Sept., 85 Plätze im Schlafsaal + Zimmer, ✗, mit HP FF 180, 🏛 FF 30. Wie in fast allen Hütten, sind auch hier Duschen Mangelware. Das Essen und die exponierte Lage machen alles wett.

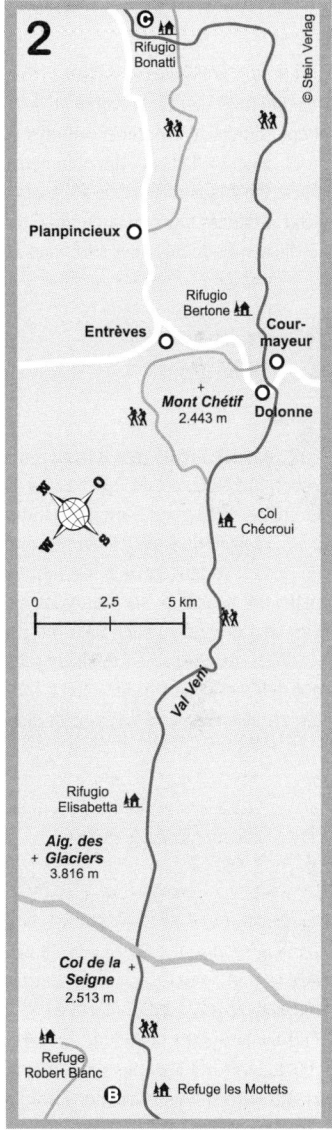

Ein breiter Wanderweg führt in Serpentinen entlang der Gletscherzunge in den Talgrund des **Lac Combal** (1.970 m, 📷 S. 106). Diese sumpfige Hochebene, durch den Moränenwall des **Glacier de Miage** entstanden, begeistert durch eine Vielfalt an Alpenblumen und Wollgras. Ganz besonders beeindruckt die **Aiguille Noire de Peuterey**, die senkrecht vor Ihnen in den Himmel steigt. Erstmals tauchen auch die Granitnadeln der **Dames Anglaises** auf. Am nördlichen Ende des Sees trifft man auf einen Damm und eine Brücke.

⤷   **Jardin du Miage**
⧖   1 Std

Von der Brücke am Restaurant Chalet du Miage zweigt in nordwestlicher Richtung die Route zu den bedeutenden Montblanc-Stützpunkten Gonella-, Sella- und Monzino-Hütte ab.

Sie folgen dem Weg in stetem Auf und Ab. Ein Bach wird überschritten, an dessen Verlauf Sie sich bis zum Gletscher aufwärts halten. Bei der Weggabelung schlagen Sie nicht den rechten Weg Richtung Monzino-Hütte ein, sondern gehen nach links auf den Moränenkamm.

Wer am nördlichen Gletscherufer aufsteigt, hat den besten Überblick auf den Jardin du Miage (2.012 m). Diese grüne Insel mitten in den Ausläufern des Glacier du Miage ist eine Augenweide nicht nur für Botaniker.

⤷   **Lac du Miage (2.020 m)**
⧖   1 Std ⇔

Hinter der Brücke zweigt links ein Pfad Richtung Schutzhütte (Rif. Gonella) ab. Man steigt in einem Halbrund leicht bergan und gelangt zur Randmoräne des Gletschers, wo sich der winzige Lac du Miage befindet. Der vielbesuchte See zählt zu den beeindruckendsten Naturschauspielen der Region, da hier der Gletscher in regelmäßigen Abständen kalbt: krachend stürzen immer wieder Eisbrocken in das milchige Wasser.

Durch das Hochtal Alpe supérieure de la Lée-Blanche zur Rifugio Elisabetta

🚌   Wer der Straße folgt, trifft nach 30 Min. auf die Bushaltestelle gegenüber dem Restaurant Chalet de Miage mit Verbindung nach Courmayeur.

☺   Wanderung durch das Val Veni (☞ Variante D).

Vom Rifugio Elisabetta kommend zweigt vor der Brücke die TMB-Route rechts ab. Mit roten Punkten gut markiert, führt sie steil hinauf über die Alm l'**Arpe Vieille inferiore** (2.073 m) und **superiore** (2.303 m) (☞ Variante E). Was die Ausblicke betrifft, so zählt diese Route zur schönsten Teiletappe der TMB.

Hinter der zweiten Alphüttenansammlung taucht ein vorspringender Bergrücken (Nordsporn des Mont Favre) auf, ab dann geht es praktisch nur noch abwärts, am **Lac Chécroui** (2.165 m) vorbei bis zum **Col de Chécroui** (1.956 m).

🏠   Rifugio Maison-Vieille/Col Chécroui, Giocomo Calosi, ☎ (0039) 0337/230979, 🛏 10. Juni- 30. Sept., 30 Plätze im Schlafsaal, ✗

Etappe 5: Col de Chécroui - Courmayeur - Rifugio Bertone

⏳   insg. 4 Std.
       Col Chécroui (1.956 m) - Dolonne - Courmayeur (1.226 m): 1½ Std. ⇩ 730 m,
       Courmayeur - Refuge Bertone (1.970 m): 2¼ Std. ⇧ 744 m.
🏠   Rifugio Bertone, ☎ 0165/844612 oder ☎ 89336.
↰   Mont Chétif
▷   **Variante F:** Col Chécroui - Val Veni - Courmayeur
📖   IGN-Karte 3531 ET St-Gervais.

Der Abstieg erfolgt auf einem breiten Fußweg über das alte Bergdorf Dolonne nach Courmayeur (1.226 m), kann aber auch durch die Benutzung der Seilbahn abgekürzt werden.
       Landschaftlich schöner ist der Abstieg durch das Val Veni nach Courmayeur (☞ Variante F).

Mont Chétif (2.443 m)

⏳ 1½ Std

⇩ 59/⇧ 446 m

Von der Normalroute zweigt bald nach dem Col Chécroui links ein Pfad zum **Mont Chétif** ab. Dieser Gipfel ist eine außergewöhnliche Aussichtskanzel. Weit öffnet sich der Blick vom Tré-la-tête im Westen bis zu den Grandes Jorasses im Osten. Über einen Klettersteig (*via ferrata*) kann über **la Vilette** oder **Dolonne** nach Courmayeur abgestiegen werden.

⏳ Mont Chétif - Dolonne 3 Std., ⇩ 1.150 m.

Courmayeur

ℹ️ Tourist Office APT Monte Bianco, Piazzale Monte Bianco (Busbahnhof), ☎ 0165/842060, FAX 842072.

🚌 Busbahnhof am Piazzale Monte Bianco, ☎ 0165/842031, von 7:15-18:15 jede Std. ins Val Ferret bis zur letzten Häuseransammlung Arp Nouva. 8x tgl. nach Chamonix, stündlich nach La Palud zur Talstation der Seilbahn.

🚃 Bahnstation in Pré-St.-Didier, 5 km entfernt.

🛏️ Hotel Laurent, Via Circonvallazione 23, ☎ 0165/846687, FAX 844568.

⌘ Museo Alpino duca degli abruzzi, Piazza Abbé Henry 2 (bei der Kirche), ☎ 0165/842064.

🚡 Seilbahn über das Montblanc-Massiv. Für Wanderer ist es eine **Rückkehrmöglichkeit nach ☞ Chamonix**. Bei schlechtem Wetter sind oft Teilstücke gesperrt. Infos hängen an der Talstation aus. La Palud - Pointe Helbronner (Grenze, Paßkontrolle) ⇔ 49.000 Lire, bis Chamonix: 38.000 Lire + FF 222.

☺ Die franz. Strecke kann man erst oben an der Grenze bezahlen. Wechseln Sie vorher genügend Franc, sonst muß die Gesamtstrecke in Lire bezahlt werden, was einen enormen Aufpreis bedeutet.

ℹ️ ☎ 0165/89925, FAX 89439, ✉ <info@montebianco.com>
💻 <http://www.montebianco.com>

✝ Sehenswert ist der romanische Glockenturm der Kirche im alten Dorfkern, die dem Hl. Pantaleone und Valentin geweiht ist.

📞 ☎ 0165/89961.

Der bekannteste Wintersportort Italiens am Ende des Aostatals breitet sich in einzigartiger Lage am linken Ufer der jungen Dora aus.

Die Ursprünge Courmayeurs liegen weit zurück. In bischöflichen Dokumenten ist von Curia Major die Rede, die Römer nannten das Gebiet *Culmen Maius*. So bezaubert nicht nur der Blick auf den gewaltigen Aufschwung zum Montblanc, sondern auch das Flanieren durch die verwinkelten Gassen des alten Dorfkerns.

Italienisches Flair, leckeres cremiges Eis, Capucchino in einem der hübschen Straßencafés (z.B. Café de la Posta) eine längere Pause kann hier sehr angenehm sein.

Ein hübscher Spaziergang mit Blick auf die alten Steindächer empfiehlt sich oberhalb der Kirche entlang eines Bisses (Wasserkanal, ☞ Champex).

Courmayeur wird von Bergketten umrahmt

☺ Wanderer in Zeitnot nutzen als Abkürzung den Bus durch das Val Ferret bis zur Endstation Arp Nouva (stündl. von Courmayeur), um in 45 Min. zum Rifugio Elena (☞ Etappe 6, Variante G) aufzusteigen.

Val Ferret

Das 12 km lange Tal ist himmlisch, doch leider führt eine Straße hindurch, die eine Wanderung durchaus unangenehm gestalten kann. Hier finden sich idyllische Unterkünfte und Campingplätze, wenn Sie nicht in Courmayeur übernachten wollen.

Die Straße zieht sich anfangs steil, dann flacher zum malerischen Dorf **Planpincieux** und an den Weilern **Le Pont** und **Tronchey** vorbei, dann eben nach **Lavachey**. Es folgt das Talbecken von **Frebouze**, überragt von den wilden Zinnen der **Aiguille des Leschaux**, der **Petits** und **Grandes Jorasses**. Entlang schöner Lärchenbestände folgen die Stadel von **Gruetta** und die Hochfläche von **Arnuva** (Endstation des Busses).

Faszinierend ist der Kontrast der beiden Talseiten. Die linke Seite wird beherrscht von ausgezackten Graten, zerrissenen Gletschern, steilen Granitwänden und rauschenden Wasserfällen. Die rechte Talseite ist mit Almwiesen, kleinen Wäldchen und pflanzenbewachsenen Felsen aus hellem Kalk sehr idyllisch.

Umweltschutz wird in Italien anders gehandhabt. Man hat sich die Mühe gemacht, einen Prospekt zu drucken, um das Val Ferret und das Val Veni als autofrei zu vermarkten. Sieht man sich das Faltblatt "Val Ferret und Val Veni meno Auto" an, fallen zunächst Parkplatzschilder bis zum Talschluß ins Auge, die eher dazu animieren, mit dem Auto zu kommen.

⚠ Camping Grandes Jorasses, ☎ 0165/869708. Hübscher schattiger Campingplatz zwischen Planpincieux und Le Pont direkt am Fluß.

🛏 Hotel Belvedere bei La Palud, ☎+FAX 0165/869701, ab 120.000 Lire.

🛏 Hotel Lavachey, ☎+FAX 0165/869723, ab 55.000 Lire, 🗓 Juni-Sept., Schlafsaal und Zimmer, ✗. An der Bus-Endstation.

🛏 Chalet Val Ferret, Arnuva, ☎+FAX 0165/844959, ab 120.000 Lire, 🗓 20. Juni-20. Sept., ✗.

Vom Dorfzentrum Courmayeur (1.226 m) folgt man der Straße nach **Villair** und bis zu ihrem Ende (1.327 m). Die Straße wechselt nun in den Talweg ins **Val Sapin**. Nach Überquerung des Baches wendet man sich bei der nächsten Weggabelung nach links.

In vielen Kehren über einen steilen Berghang zum Rifugio Bertone (1.970 m). Dieser Aufstieg ist nicht unbedingt als angenehm zu bezeichnen, da das Lärmecho des Verkehrs aus dem Tal den Wanderer oft begleitet. Jedoch: sobald der Rücken des Mont de la Saxe erreicht ist, bestechen Ruhe und grandiose Aussicht.

🏠 Rifugio Giorgio Bertone, Lorenzo Cosson, ☎ 0165/844612 + ☎ 89336, 📅 15. Juni- 20. Sept., 60 Plätze, Schlafsaal und Zimmer, ✗. Phantastische Unterkunft, tolles Essen, gute Aussicht.

Etappe 6: Rifugio Bertone - Col Sapin - Rifugio Elena

⧗ insg. 7¼ Std., ⇧ 1.298 m, ⇩ 1.156 m
   Rifugio Bertone (1.970 m) - Col Sapin (2.436 m): 2¼ Std. ⇧ 614 m, ⇩ 98 m.
   Col Sapin - Pas entre deux Sauts (2.524 m): 1 Std. ⇧ 264 m, ⇩ 176 m.
   Pas entre deux Sauts - Lavachey (1.642 m): 2½ Std. ⇩ 882 m.
   Lavachey - Rifugio Elena (2.062 m): 1½ Std. ⇧ 420 m.
🏠 Rifugio Bonatti, ☎ 0165/842299, Handy ☎ 0365/6848578.
♦ Rifugio Elena, ☎ 0165/844688.
🖐 Tête entre deux Sauts (2.729 m).
▷ **Variante G**: Mit dem Bus bis Planpincieux, Wanderung nach Arnuva.
📖 Italienische Karte IGC Nr. 107 (Monte Bianco) und IGN-Karte 3630 OT Chamonix.

Sie könnten auch mit dem Bus bis Plancincieux fahren (☞ Variante G), allerdings ist der Abschnitt, der nun von der Bertone-Hütte beginnt, großartig. Zunächst zieht sich die Route bequem fast eben über den Grasrücken des **Mont de la Saxe,** und Sie können sich ganz den gewaltigen Natureindrücken hingeben. Die Südwand der Grandes Jorasses, zum Greifen nahe der parallel laufende Rochefortgrat gegenüber des Tales, der Dent du Géant...-man kann sich nicht satt sehen.

Über die **Testa Bernarda** (2.534 m) und die **Testa della Tronche** (2.584 m) gelangen Sie zum **Col Sapin** (2.436 m). Nun in östlicher Richtung leicht absteigend zur **Alpe de Séchéron** (2.260 m). Folgen Sie dem Pfad nach rechts aufwärts zum **Pas entre deux Sauts** (2.524 m).

✍ Ein kleiner Gipfelabstecher hinauf zum **Tête entre deux Sauts** (2.729 m) lohnt sich, wenn Sie von all der Aussicht noch nicht genug haben - hier finden Sie eine Aussichtskanzel vom feinsten. Vom Paß wird östlich und dann in großem Bogen nördlich ins **Vallone di Malatrà** abgestiegen. Halten Sie sich auf der linken Seite des Baches und Sie erreichen die Malatrà-Hütten.

🏠 Rifugio Bonatti (2.025 m), bei den Malatrà-Hütten, Francesco Ragonese, ☎ 0165/842299, 80 Plätze, Schlafsaal und Zimmer, ✗. Relativ neue Hütte (1.8.98) in herrlicher Lage.

Bald darauf stoßen Sie auf den Weiler **Lavachey** (1.642 m) und Sie denken vielleicht, in dieser Idylle zu übernachten wäre auch nicht schlecht. (☞ Val Ferret). Dann folgen Sie dem Fahrweg nach rechts bis zur letzten Häuseransammlung **Arnuva**. ✗ Gasthof, hübsch gelegen. Auf der geländewagentauglichen Straße wandern Sie in den Talschluß. Erst langsam ansteigend, dann zunehmend steiler ist bald die Alm **Pré de Bar** (2.361 m) mit der **Elena**-Hütte (2.062 m) erreicht.

🏠 Rifugio Elena, Olga & Livio Decarolis, ☎ 0165/844688 +

☏ 861127, ▯ 15. Juni–15. Sept., 128 Plätze, Schlafsaal und Zimmer, ✕. Alles neu und modern eingerichtet. Duschen sind ausnahmsweise keine Mangelware. Die einzigartige Lage macht den manchmal schlechtgelaunten Service wieder wett. Die Hütte thront direkt gegenüber dem Pré de Bar Gletscher am Fuße des Mont Dolent (Dreiländerberg).

Etappe 7: Rifugio Elena - Champex

⧗   insg. ca. 8 Std., ⇧ 892 m, ⇩ 1.488 m

      Rifugio Elena (2.062 m) - Grand Col Ferret (2.537 m): 1¾ Std. ⇧ 475 m.

      Grand Col Ferret - Ferret (1.700 m): 2 Std. ⇩ 837 m.

      Ferret - Issert (1.049 m): 2¾ Std. ⇩ 651 m.

      Issert - Champex (1.466 m): 1½ Std. ⇧ 417 m.

☾   ab Ferret 0041.

🛏   Chalet du Col de la Fênetre/Ferret ☏ 027/7831188.

♦   Refuge le Dolent/Fouly ☏ 027/7831863.

♦   Hotel Edelweiss/Fouly ☏ 027/7832621.

♦   Hotel de Saleinaz/Praz-de-Fort ☏ 027/7831168.

♦   Chalet Au Club Alpin/Champex ☏ 027/7831161.

♦   Relais d'Arpette/Val d'Arpette ☏ 027/7831221.

▷   **Variante H**: Petit Col Ferret.

⤳   Ferret - Lacs de Fenêtre - Col du Grand St-Bernard

⤳   A-Neuve-Hütte, Saleina-Hütte, Orny-Hütte.

📖   IGN-Karte 3630 OT Chamonix.

Der erste Teil des Aufstiegs hinter der Hütte ist schweißtreibend. Über zahlreiche Kehren windet sich der Pfad zum **Grand Col Ferret** (2.537 m), im Blickfang immer den Pré de Bar Gletscher und darüber den Mont Dolent, die Gipfelspitze, wo sich die Grenzen der drei Länder Schweiz, Frankreich und Italien treffen.

     Dieser Paß war früher eine wichtige Handelsverbindung. Doch da der Übergang von Aosta über den Großen St. Bernhard Paß ins Rhônetal kürzer ist, blieb der Grand Col Ferret von Paßstraße, Tunnel und Abgasen verschont. Von hier bietet sich ein herrlicher Überblick über das gesamte Val Ferret.

⚠️   Wer vom Paß ein Stück dem Grat Richtung **Pointe de Combette** folgt, trifft bald auf eine kleine, geschützte Mulde mit einem winzigem See. Hier bei grandiosem Rundumblick wild zu campen, ist ein Traum für jeden Wanderer. GPS: N 45°53'37/E 007°04'47.

Der Weitermarsch erfolgt nun auf Schweizer Boden. Über saftige Grasmatten windet sich der Pfad abwärts. Für den einen oder anderen mögen die hier weidenden Kühe merkwürdig aussehen. Es sind die berühmten **Eringerkühe**, eine alte Rasse, die nur im Wallis zu finden ist. Sie sind rabenschwarz, klein und gedrungen, mit Muskelpaketen bepackt, das Gesicht etwas zerknautscht und kampflustig. Da kann einem bei einer direkten Gegenüberstellung schon anders werden.

Eringerkühe sollte man nicht reizen

Die Kühe werden nicht zur Milchproduktion gehalten. Da sie klug und rauflustig sind, werden sie für Kämpfe eingesetzt, die im Frühjahr und Herbst in verschiedenen Walliser Gemeinden stattfinden. Die entscheidende Frage lautet dann: wer wird "la reine des reines", die Kuhkönigin der Saison"?

Sie erreichen die Alm von **La Peule** (2.071 m) inmitten üppig grüner Matten. Eine der Hütten ist in der Hauptsaison bewirtschaftet und bietet sich zur Mittagsrast an. Auch kann hier frischer Käse gekauft werden.

Ein bequemer Schotterweg zieht sich in Kehren hinunter bis zur Talstraße oberhalb von Ferret. Bald ist auch das Dorf erreicht. **Ferret** (1.705 m) ist der letzte Ort des gleichnamigen Tals und nur im Sommer bewohnt. Wer Zeit hat, sollte einen Tag hierbleiben und den lohnenswerten Abstecher zu den **Lacs de Fenêtre** unternehmen.

✍   **Ferret - Lacs de Fenêtre - Col du Grand St. Bernard**

Vom Ende der Talstraße oberhalb Ferrets folgen Sie dem gut markierten Weg zum Col du Grand St. Bernard. Nach drei Bachüberquerungen wird auf einem kleinen Geländebuckel die Alp **Les Ars Dessus** erreicht. Nach der Überquerung des **Torrent des Ars Dessus** und eines weiteren Bergbaches erreichen Sie das weite Gelände der **Alp La Chaux**.

Anschließend kommt die Alpsiedlung **Plan de la Chaux**. Im Nordwesten erheben sich die Gipfel des **Trient**- und **Argentière**-Massivs. Je höher man steigt, desto steiler und wilder wird das Gelände. Der Fernblick von den **Lacs de Fenêtre** (2.469 m) ist berauschend: die jäh aufschießenden **Grandes Jorasses**, der nahe Dreiländergipfel **Mont Dolent**, die **Aiguille du Chardonnet**... Bei Windstille spiegelt sich die weiße Bergwelt in den drei kleinen Seen, etwa der imposant gezackte **Grand Golliat** im Südwesten.

🚶🚶   Von den Lacs de Fenêtre startet nun ein Rundweg über den Col du Fenêtre de Ferret (2.697 m) hinunter zum Großen St. Bernhard Paß (2.496 m). Kurz nach dem Hospiz geht es links hinauf über den **Chemin des Chéraux** (2.716 m) und über den gleichnamigen Paß (2.757 m) kehrt man in 4 Stunden zu den Seen zurück.

Der Aufstieg von den Seen erfolgt Richtung Süden durch einen rauhen Bergkessel. Manchmal verliert sich der Pfad, doch an den Steinmarkierungen kann man sich gut orientieren. Ist der Grat erreicht, stehen Sie im **Fenster de Ferret** (2.697 m) auf der Grenze zwischen Italien und der Schweiz.

Der Blick auf den Montblanc und das Val Ferret, an dessen Flanken die winzigen Dörfchen und Weiler kleben, ist großartig.

Nun kommt ein steiler Abstieg nach **Baus**, wo Sie der Paßstraße aufwärts folgen und nach einigen Kurven den **St. Bernhard See** erreichen. Links darüber können Sie den Aussichtspunkt **Plan de Jupiter** erkennen. Die Steine eines dem Gott Jupiter geweihten Tempels wurden später zum Bau des Hospiz' verwendet.

Am westlichen Ufer des Sees gelangen Sie wieder in die Schweiz, 200 m weiter folgt die Paßhöhe des Großen St. Bernhard (2.496 m). Dieser ist der berühmteste Alpenübergang, den bereits die Kelten und Römer nutzten. Auch Napoleon überschritt ihn mit seinem 40.000 Mann starken Heer.

⌘ Mehr über die Paßgeschichte erfahren Sie im **Musée du Grand St. Bernard** im dortigen Hospiz. Es ist eines der höchstgelegenen Klöster der Welt und wurde im 11. Jahrhundert vom heiligen Bernhard von Aosta gegründet. Hier züchten die Mönche Bernhardinerhunde und bilden sie zu Suchhunden aus. Eine Ahnung kommt auf, warum fast jeder Schweizer Hund Barry heißt. Vierzig Menschenleben hat der legendäre Barry gerettet, und sein Anblick erfreut noch immer, allerdings ausgestopft, im Museum. Die Kapelle ist mit schönem Chorgestühl (1681) und wertvollem Kirchenschatz ausgestattet.

🖾 Hospiz du Grand St. Bernard, ☎ 027/7871236. Fußvolk ist zum Übernachten immer herzlich willkommen. Gern geben die Augustinerchorherren auch Einblick in ihr Leben.

Rückkehr über den **Chemin des Chéraux** und den **Col des Chéraux** zu den Lacs de Fenêtre und auf gleichem Weg nach **Ferret**.

✝ Sehenswert ist die Kapelle Notre Dame des Neige aus dem Jahr 1707, die in ihrem Inneren eine barocke Madonnenfigur birgt.

🖾 Chalet-Restaurant du Col de Fenêtre, ☎ 027/7831188, FAX 7832677, 🗓 Juni-Okt., Schlafsaal sfr 20, Zimmer sfr 42, sehr hübsche Gartenwirtschaft.

Der mit TMB-Schildern markierte Pfad führt Sie, bei Hitze angenehm schattig, am linken Ufer der Drance entlang von Ferret weiter bis nach **La Fouly** (1.594 m, GPS: N 45°55'50/E 007°06'15).

In dem Ferienort können Selbstversorger Vorräte auffrischen. Supermarkt und Sportgeschaft sind gleich neben dem Hotel des Glaciers am Ortseingang. Im Holzhäuschen auf dem Platz schräg gegenüber befindet sich das Touristenbüro.

La Fouly

- 🛈   Office du Tourisme, La Fouly, ☎ 027/7832717, FAX 7833303.
- 🛏   Hotel des Glaciers, ☎ 027 7831171, FAX 7833181, ab sfr 52, große Restaurant-Terrasse.
- ♦   Hotel Edelweiss, gegenüber der Post, ☎ 027/7832621, FAX 7832820, Zimmer ab sfr 84, Schlafsaal sfr 20, mit HP sfr 49, mit Sauna.
- 🏠   Refuge Le Dolent, ☎ 027/7831863, FAX 7833132, Schlafsaal sfr 14.
- ⛺   Camping des Glaciers, ☎ 027/7831735, FAX 7833605, herrliche Lage mit Blick auf den Glacier de l'A Neuve.

Tradition ist in Issert noch lebendig

Paradiesische Aussichten am Lac Champex

🦢 **Cabane de l'A Neuve (2.735 m)**
⌛ ⇧ 3 Std.

Der Aufstieg zur l'A-Neuve-Hütte beginnt direkt beim Campingplatz. Die Unterkunft ist das Urbild einer Hochgebirgshütte, wie man sie heute nicht mehr baut: dicke Mauern, innen alles aus Holz, die Küche mit riesigem Holzofen. Dazu gutes Essen und täglich frisch gebackenes Brot.

🛏 Cabane de l'A Neuve (CAS), ☎ 027/7832424, 🚪 Juli-Sept.

Abkürzung 🚌: Von spektakulärer Bergwelt auf der bisherigen Route verwöhnt, ziehen manche den Bus der nun folgenden, beschaulichen und etwas langatmigen Talwanderung vor. Zwischen den Val Ferret-Dörfern bis Orsières und Champex gibt es eine regelmäßige Postautoverbindung (Martigny-Orsière-Linie, ☎ 027/7222570).

Die Wegstrecke von La Fouly nach Champex zeigt einen etwas anderen Charakter als die sonstigen Etappen. Für manche ist die Wanderung zu still, zu undramatisch. Andere hingegen empfinden diesen Abschnitt als wohltuend entspannend. Aussichtsreiche Balkone wechseln mit dem Talboden ab, dazwischen immer wieder kleine, beschauliche Dörfchen, die zum Bummeln und Entdecken (z.B. alter Dorfofen in **les Arlaches**) einladen.

Sie folgen der TMB-Beschilderung oder gelben Raute weiter am linken Flußufer. Vor dem Campingplatz von la Fouly eröffnet sich ein wunderbarer Blick auf den **Glacier de l'A Neuve**, hoch darüber, am linken Horizont, werden **Aiguille de l'A Neuve** und **Le Tour Noir** sichtbar.

Im Auf und Ab führt der Weg durch freie Flächen oder Wald, dann am Fuße einer großen, bewaldeten Moräne (einst vom Saleina-Gletscher abgelagert, steht unter Naturschutz) entlang bis zur Brücke der Reuse **de Saleina** (1.580 m). Von hier kann zur Saleina- oder Orny-Hütte aufgestiegen werden.

⌘ In einem Chalet von Saleina ist ein Museum eingerichtet. Schlüssel im Nebenhaus.

Kurz nach Saleina folgt das hübsche Dörfchen **Praz de Fort** mit den typischen Walliser Häusern, ▥

⇌ Hotel de la Saleinaz, ☎ 027/7831168.

Ab jetzt wird die Talseite gewechselt. Der pittoreske Weiler **Les Arlaches** wirkt wie ausgestorben. Dicht drängen sich hier die alten Stein- und Holzhäuser zusammen und bilden schmalste Gässchen. Hier findet sich auch noch ein alter Dorfofen, wo an bestimmten Tagen Brot gebacken wird.

Über eine Brücke wechseln Sie wieder zur linken Talseite und kommen ins Dorf **Issert** (1.049 m). Sehenswert ist die alte Mühle. Ein Gasthaus lädt zur Rast ein. Nach dem Ort folgen Sie links der TMB-Beschilderung. Durch Wald ansteigend gelangen Sie an den Hütten Affe und Niolet (1.319 m) vorbei nach **Champex** (1.466 m). Genießen Sie die Umrundung des kleinen **Lac de Champex**, der seine Entstehung Moränenbildungen in der Eiszeit verdankt. In seinem tiefblauen Wasser spiegelt sich der **Grand Combin**.

Cabane de Saleina

⇧ 4 Std. 2½ Std.

⇌ Cabane de Saleina (CAS), ☎ 027/7831700, Hüttenwart Roger Burri ☎ 032/8352391, ◫ Juli-Mitte Sept.

Anstrengend, aber eine grandiose Aussicht ist gewiß.

Champex

🏞 😊

ℹ️   Office du Tourisme, ☎ 027/7831227, FAX 7833527.

🛏   Auberge de la Forêt, Champex-Lac, ☎ 027/7831278, FAX 7832101, ab sfr 75.

♦   Hotel Grand-Combin, Champex-Lac, ☎ + FAX 027/7831103.

♦   Gîte de Montagne, Champex d'en Haut, ☎ 027/7831423, Schlafsaal sfr 22., mit HP sfr 47.

△   Camping Les Rocailles, Champex-Lac, ☎ 027/7831216, FAX 7831979

🏊   Freibad, ☎ 027/7832652, 🌙 Juli/Aug. tgl. 🕗 8:00-18:00, sfr 5.

🎪   Jeden So 17:00 im Hotel du Glacier (☎ 027/7831402) Diaschau über alpine Flora, freier Eintritt.

☺   Im Alpengarten "Flore-Alpe" kann man sogar Bergblumen aus dem Himalaya bewundern. Mai-Sept. 🕗 9:00-18:00, Eintritt sfr 4, ☎ 027/7831217.

☺   Wenn Sie einen Tag an diesem angenehmen Ort verweilen möchten, sollten Sie einen Ausflug in die **Gorges du Durnand** unternehmen. Diese imposante Schlucht ist seit 1877 für Publikum zugänglich. Über 330 Treppenstufen balancieren Sie an schwindelerregenden Steilwänden entlang, die zu 14 Wasserfällen und sprühenden Fontänen führen.

🕗 9:00-19:00, ☎ 027/7222077, 🚌 Richtung Martigny nach Les Valettes.

🔀   Cabane d'Orny

Die Hütte liegt in einmaliger aussichtsreicher Lage an einem kleinen Moränensee, direkt an der glitzernden Gletscherwelt des **Glacier d'Orny.** Zur Erleichterung des Aufstiegs kann ein Sessellift genommen werden. Am oberen Ende des Dorfes, am sog. **Col des Champex**, beginnt die genußreiche Fahrt, die bis auf 2.188 m hinaufführt, fast bis auf den Rücken der Breya. Von der Bergstation können Sie nun in etwa 2 Stunden mit fantastischen Ausblicken zur Orny-Hütte (2.811 m) aufsteigen. Das letzte Stück des Weges folgt der linken Seitenmoräne des Glacier d'Orny.

🛏   Cabane d'Orny (CAS), ☎ 027/7831887 + ☎ 027/2071348, 🕗 Mitte Juni-Mitte Sept.

Am ersten See, wo die alte Hütte stand, hat man einen besonders beeindruckenden Blick auf den steilen Turm des **Petit Clocher de Portalet**.

Der Abstieg zurück zum Sessellift dauert ca. 1 Std., wer in das Val d'Arpette absteigt, benötigt 3 Std.

Entlang einer Bisse zur Refuge d'Arpette

Etappe 8:
Champex - Fenêtre d'Arpette - Trient

⧗   insg. 6¾ Std., ⇑ 1.200 m, ⇓ 1.339 m

Champex (1.466 m) - Fenêtre d'Arpette (2.665 m): 4 Std. ⇑ 1.200 m.

Fenêtre d'Arpette - Trient (1.326 m): 2¾ Std. ⇓ 1.339 m.

↳   Col des Ecandies.

▷   **Variante I** (Hauptroute): Champex - Bovine - Col de la Forclaz.

🛏   Relais d'Arpette, ☎ 027/7831221.

◆   Gîte d'étape du Peuty, ☎ 079/2191448.

- Relais du Montblanc/Trient
  ☎ 027/7224623.
- Hotel Col de la Forclaz
  ☎ 027/7222688.
- 📖 IGN-Karte 3630 OT Chamonix.

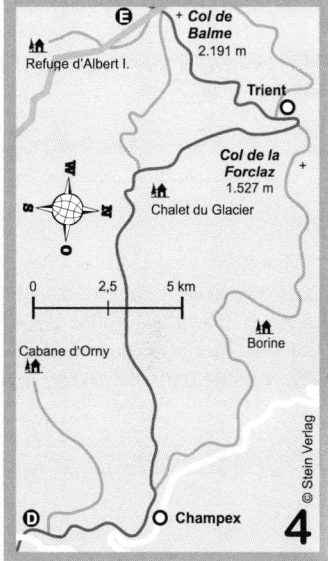

Diese Route ist alpiner als die Hauptroute über Bovine (☞ Variante I), bei durchschnittlicher Kondition aber gut zu bewältigen. Die Natureindrücke sind spektakulärer, da der Abstieg entlang des faszinierenden Trient-Gletschers erfolgt.

Der erste Abschnitt bis zum Relais d'Arpette bietet ein ganz spezielles, für das Wallis typisches Wandererlebnis, da der Pfad einer Bisse folgt. Wasserkanäle aus Holz, sog. **Bissen**, wurden angelegt, um das Firn- und Gletscherwasser für die winzigen Getreide- und Kartoffeläcker auf den Bergweiden zu nutzen. Dieses uralte Wassersystem galt früher als heilig. Entlang der Bissen (dt.: Suonen) wurden schmale Wege angelegt, um die Wasserleitungen zu kontrollieren und instand zu setzen. Diese Wege eignen sich hervorragend zum Wandern.

Von Champex folgen Sie nicht dem breiten Weg ins **Val d'Arpette**, sondern biegen am Anfang des Waldes nach einer Bachüberquerung rechts ein. Die Route Richtung Arpette ist mit gelber Raute oder weiß-rot-weißer Markierung gekennzeichnet.

Während Sie der Bisse folgen, gibt es einige Abzweigmöglichkeiten, doch bleiben Sie weiterhin am Kanal. Sonnenstrahlen fallen durch die hohen Bäume und zaubern hübsche Lichtreflexe auf dem gurgelnden Wasser der Suone, das in rasanter Geschwindigkeit in das Tal rauscht. Immer wieder laden Bänke zum Verweilen ein.

Sobald Sie auf einen Bach stoßen, überqueren Sie ihn nicht, sondern steigen an seinem linken Ufer weiter aufwärts, bis sich der Wald öffnet und das Relais d'Arpette (1.630 m, GPS: N 46°01'16/E 007°05'30) auftaucht. Diese Herberge zählt wegen der idyllischen Lage und dem Blick auf die sich

auftürmenden Bergmassen mit zu einer der beliebtesten Übernachtungs-
adressen auf der TMB.

🛏   Relais d'Arpette, Marie- Jeanne Ropraz/Murisier, ☎ 027/7831221, 🚪 15. Dez.-
           15. Okt., 70 Plätze, Schlafsaal, Zimmer, ✕, Schlafsaal mit HP sfr 48, Zimmer mit
           HP sfr 70, ⚠ sfr 10.

Vom Relais windet sich der Weg in den Talschluß des Val d'Arpette. Je
höher man steigt, desto wilder und felsiger wird die Szenerie. Im Norden
ragen die Zinnen und Türme des Clochers d'Arpette in den Himmel, im
Süden die Aiguilles d'Arpette. Beim kleinen Hochtal **La Barme** (2.100 m,
GPS: N 46°01'04/E 007°03'22) halten Sie sich rechts.

   ⤵   **Col des Ecandies (2.796 m)**
   ⏳   3 Std.

Von La Barme geradeaus lohnt ein Abstecher ohne Gepäck auf den Col
des Ecandies, von wo sich ein beklemmender Eindruck in die zerklüftete
Welt des Glacier du Trient bietet.

Der Normalweg führt den rechten Hochtalhang empor durch felsiges
Gelände zum **Fenêtre d'Arpette** (2.665 m, 📷 S. 102). Der enge Einschnitt
zwischen der Pointe des Ecandies und dem Genépi (so wird auch der süße
französische Kräuterlikör genannt) bietet einen unvergeßlichen Blick auf die
wild zerissene Gletscherwelt des **Glacier du Trient**.

Der steile Abstieg sieht schwieriger aus als er ist. Labile Knie könnten
allerdings Probleme machen. Da er parallel zum östlichen Gletscherrand verläuft und faszinierende Einblicke in den Gletscher bietet, zählt diese Wegstrecke zu einem der großartigsten TMB-Erlebnisse. Die Furchen und Spalten werden immer tiefer, die Séracs höher, die gespaltenen Eismassen
wachsen zu haushohen Ungetümen. Wer zuviel schaut, stolpert schnell,
denn der steinige Abstieg erfordert Konzentration. Ab den Hütten von **Vése-
vey** wird der Weg etwas angenehmer (📷 S. 114).

✕   Eine Verschnaufpause kann man sich dann bei Gletscherblick an der Buvette (nur Essen und Trinken) **Chalet du Glacier** gönnen.

Von dort folgt der Wanderweg wieder einer Bisse, fast eben, mit herrlichen Talblicken auf Trient. Wer bis zum Ende des Weges marschiert, erreicht den **Col de la Forclaz** (1.526 m). Wer nach **Trient** (1.326 m, GPS: N 46° 03'28/E 007° 59'50) hinunter möchte, hat vorher zweimal die Möglichkeit, vom Suonenweg links abzubiegen.

Eine andere (weniger attraktive) Variante bietet sich kurz nach dem Chalet du Glacier: links über die Brücke auf die andere Talseite und entlang der einfachen Fahrstraße nach Trient. An dieser Brücke beginnt auch eine Aufstiegsvariante zum Col de Balme (☞ Variante J).

Trient

ℹ   Office du Tourisme,
☎ 027/7224623, FAX 7221929.

🛏   Gîte d'étape Le Peuty, Serge Cappi,
☎ 079/2191448,
🛏 15. Juni-15. Sept., 40 Schlafsaalplätze, Selbstversorgerküche.

♦   Relais du Montblanc,
☎ 027/7224623, FAX 7232991,
Schlafsaal sfr 28. HP sfr 46, Zimmer sfr 38, gleich daneben der einzige 🍴.

✝   Neogotische Kirche, 🕐 8:00-18:00.

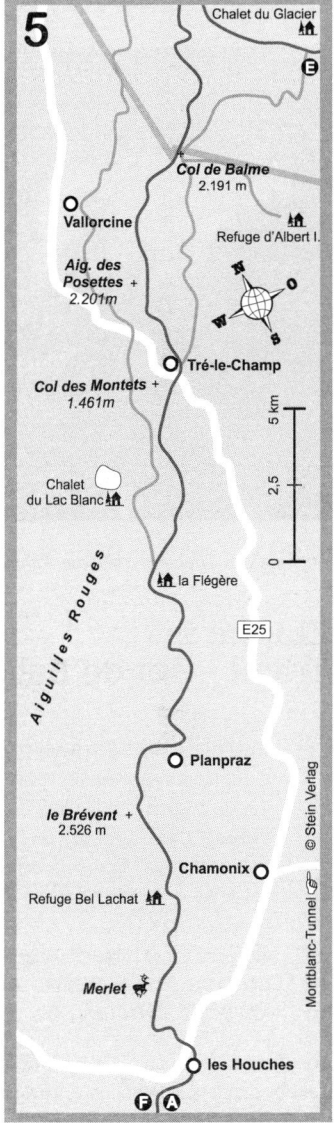

Blick auf den Trientgletscher vom Fenêtre d'Arpette

Etappe 9:
Trient - Col de Balme - Tré-le-Champ

⧗   insg. 5 Std.

Trient (1.326 m) - Col de Balme (2.191 m): 2½ Std. ⇧ 865 m.

Col de Balme - Aiguillette des Posettes (2.201 m): 1 Std. ⇧ 204, ⇩ 194 m. Aiguillette des Posettes - Tré-le-Champ (1.417 m): 1½ Std. ⇩ 784 m.

▷   **Variante J**: Col de la Forclaz - Les Grands - Col de Balme.

▷   **Variante K**: Trient - Vallorcine - Col des Montets.

🔁   Col de Balme - Refuge Albert I.

☽   Frankreich 0033.

🏠   Refuge du Col de Balme ☎ 04/50540203.

♦   Gîte La Boerne/Tré-le-Champ ☎ 04/50540514.

📖   IGN-Karte 3630 OT Chamonix.

Von Trient aus haben Sie zwei Möglichkeiten (☞ Variante K). Über **Peuty** geht es durch den Talboden von Trient bis an den Fuß der großen Rinne des

Nant Noir, die vom Col de Balme herabzieht. Weiter über den Schuttkegel des Nant Noir, dann führt der Pfad in einen Wald, wo er sich in steilen Kehren nach Tsanton des Aroles hinaufschraubt. Hier bleibt man auf dem nach rechts führenden Weg. Nur noch allmählich ansteigend führt er über Almgelände bis zu den Hütten von **Les Herbagères**.

In Serpentinen aufwärts erreichen Sie den **Col de Balme** (2.191 m), die schweizerisch-französische Grenze. Früher war der Weg ein Schmugglerpfad der Chamoniarden.

Schon Goethe soll von hier den Blick ins **Arvetal** gepriesen haben. Zu Füßen liegt das Tal von Chamonix, rechts eingerahmt von den **Aiguilles Rouges**, links vom Massiv der **Aiguille Verte** und der **Aiguilles du Dru**, im Hintergrund überragt von der Montblanc-Kuppe und der **Aiguille du Goûter**.

Refuge du Col de Balme, Roger Bossoney, ☎ 04/50540203 + ☎ 04/50540058, 20 Plätze, Schlafsaal, Zimmer, ✗, die Küche kann benutzt werden. Zwar ist die Gaststube sehr urig mit schmiedeeisernem Ofen, doch der Service ist unbefriedigend.

Hüttenatmosphäre, hier in der Refuge les Mottets (S. 76)

✣   **Col de Balme - Refuge Albert I.**

⧗   Col de Balme (2.191 m) - Refuge Albert I. (2.702 m): 2 Std. ⇧ 511 m.
    Refuge Albert I. - Talstation Le Tour (1.470 m): 2-3 Std. ⇩ 1.232 m.

🏠   Refuge Albert I., ☎ 04/50540620, 🗐 6. Juni-20. Sept.

Nicht nur die Hütte liegt einzigartig, auch der Aufstieg ist leicht und führt durch großartige Gletscherumgebung.

Vom Col de Balme halten Sie sich links bis zum **Lac de Charamillon** (2.271 m). Der See ist oft ausgetrocknet, hinterläßt aber ein Sumpfgebiet mit vielfältiger Alpenflora. Der gut markierte Weg führt zur Randmoräne des **Glacier du Tour** und steigt in der Fall-Linie zur Hütte empor. Die Refuge Albert I. thront über dem nördlichsten Gletscher des Montblanc-Massivs. Oben bietet sich Ihnen ein beeindruckender Rundblick auf die Aiguilles Rouges, den Buet, den Tourgletscher...

Der Abstieg vom Col de Balme führt über die Seilbahn-Mittelstation **Cha-ramillon** (1.912 m) abwärts nach **Le Tour** (1.453 m) und ist ein Klassiker, allerdings nicht besonders attraktiv.

Abwechslungsreicher ist es, über den **Col des Posettes** (1.997 m) auf die **Aiguillette des Posettes** (2.201 m) zu steigen. Sie liegt genau in der Achse des Tals von Chamonix und bietet 360° Panoramablick. Anschließend wandern Sie über den Kamm der **Frettes**, der die Täler von Chamonix und Val-lorcine trennt, zum **Tête du Chanavier** (1.927 m). Genießen Sie den Blick auf den **Montetspaß.**

Durch eine Heidelandschaft mit Rhododendron und Preisselbeeren gelangen Sie zur Almhütte von **Chaleyre.** Von hier können Sie wahlweise links nach Le Tour absteigen oder rechts zwischen Lärchen hindurch zum Parkplatz am Waldlehrpfad des **Col des Montets** gehen. Ein kurzes Stück die Paßstraße abwärts ist schnell **Tré-le-Champ** (1.417 m) erreicht.

🏠   Gîte d'étape La Boerne, Tré-le-Champ, Gilbert Mugnier, ☎ 04/50540514,
    🗐 ganzjährig, 35 Plätze in 4 Schlafsälen, ✗

◆   Centre alpin du CAF Le Tour, Gilles Buisson, ☎ 04/50540416, ▯ ganzjährig, 80 Plätze in 2-5 Pers.-Zimmern, ✕, ⚠

◆   Gîte d'alpage de Charamillon, René Ravanel, ☎ 04/50541707 + ☎ 50540187, ▯ 15. Juni-15. Sept., 20 Plätze in 4 Schlafsälen, ✕, Küche kann benutzt werden.

⚠   Camping, chalet Pierre Semard, 400 chemin des Frasserands, ☎ 04/50540029.

🚂   Der Bahnhof von Montroc ist nur 15 Min. zu Fuß entfernt.

Etappe 10: Tré-le-Champ - Tête-aux-Vents - La Flégère

⏳   insg. 4 Std., ⬆ 715 m, ⬇ 255 m
      Tré-le-Champ (1.417 m) - Tête-aux-Vents (2.130 m): 2½ Std. ⬆ 713 m.
      Tête-aux-Vents - La Flégère (1.877 m): 1½ Std. ⬇ 255 m.

🏠   Refuge de la Flégère, ☎ 04/50530613.

◆   Refuge-chalet du Lac Blanc, ☎ 04/50534914.

▷   **Variante L**: Grand Balcon Sud über den Lac Blanc.

🖑   **Col des Montets**

📖   IGN-Karte 3630 OT Chamonix.

Der erste Abschnitt bis Tête-aux-Vents zählt zu einem der lohnendsten Aufstiege im Tal von Chamonix, obwohl auf kurzer Distanz ein großer Höhenunterschied überwunden werden muß. Für den völlig problemlos zu bewältigenden Klettersteig an der Aiguillette d'Argentière sollte man jedoch besser schwindelfrei sein.

    Der Weg beginnt am kleinen Parkplatz oberhalb des Weilers **Tré-le-Champ** (1.417 m). Die zunächst nur leichte Steigung nimmt allmählich zu. Bei einer Weggabelung halten Sie sich rechts und gelangen bald darauf unter beeindruckende Felswände, auch **Dalle de la Remuaz** genannt.

    Parallel zum Fels windet sich der Pfad zur kleinen Felsnadel der **Aiguillette d'Argentière**. Hier und an den nahen Steilwänden kann man oft Kletterkünstler beobachten.

    Unmittelbar hinter der Felsnadel beginnt ein einfacher Klettersteig, wo Sie sich über Eisenleitern in die Höhe hangeln müssen. Faszinierend sind die Steilblicke tief ins Tal auf das Dorf Argentière.

Nachdem Sie den Klettersteig überwunden haben, taucht nach kurzer Zeit die große Steinpyramide des **Tête-aux-Vents** (2.130 m) auf.

Hier gabeln sich die Wege. Geradeaus aufwärts könnte man in ungefähr 40 Min. den **Lac Blanc** (☞ Variante L) erreichen, der Weg rechts zieht sich als letzter Abschnitt des Grand Balcon Sud zum **Col des Montets** (☞ Variante L).

Wenden Sie sich nach links, die Richtung, in die der Wegweiser **La Flégère** (2 Std.) und **Le Brévent** (5 Std.) ankündigt.

Sie wandeln nun auf dem **Grand Balcon Sud**, dem berühmtesten und aussichtsreichsten Panoramaweg von Chamonix, der sich zwischen der Waldgrenze und Felswänden aus rotbraunem Gneis über die lichtüberflutete Sonnenterrasse hoch über dem Arvetal nahezu eben bis Planpraz, der Gondelmittelstation zum Brévent, erstreckt. Fast über 15 km zieht er sich entlang der **Aiguilles Rouges** (☞ Naturschutz) und bietet einen einmaligen Ausblick über das nördliche Montblanc-Massiv und seine unzähligen schneebedeckten Gletscher.

Der Klettersteig nach der Aiguillette d'Argentière ist gut zu bewältigen

Vom Fenêtre d'Arpette sind die Hörner weithin zu hören (S. 96)

An der Sennhütte **Chalet des Chéserys** (1.998 m) vorbei windet sich der Pfad bis zur Seilbahnstation **La Flégère** (1.877 m).

Genau in der Verlängerungslinie von Flégère liegt das **Eismeer** (*Mer de Glace*), und man soll von hier auf 13 weitere Gletscher blicken können (ich selbst habe sie nicht gezählt).

Wer hier seine Umrundung beenden möchte, ist per Seilbahn schnell in Chamonix.

Refuge de la Flégère, ☎ 04/50530613 + ☎ 50533080, 🛏 15. Juni-Sept., 80 Plätze (4 Schlafsäle, 6 Zimmer), ✗, Selbstversorgerküche.

☺ Wer ein Fan von landschaftlichen Farbstimmungen ist, sollte noch vor Sonnenaufgang aus der Berghütte treten; dann, wenn es noch dunkel ist, aber die Bergumrisse langsam heller werden. Nur für einen kurzen Augenblick scheint die Schneekuppe des Montblanc erst zu leuchten, dann zu glühen.

Etappe 11: La Flégère - Le Brévent - Refuge Bel Lachat

⏳   insg. 4¼ Std., ⇧ 713 m, ⇩ 454 m

La Flégère (1.877 m) - Planpraz (2.080 m): 2 Std. ⇩ 65 m, ⇧ 268 m. Planpraz - Brévent (2.526 m): 1½ Std. ⇧ 445 m. Brévent - Bel Lachat (2.136 m): 45 Min. ⇩ 389 m.

▷   **Variante M:** Flégère - Lac Cornu - Lacs Noirs - Planpraz.

🏠   Refuge de Bel Lachat, ☎ 04/50534323.

📖   IGN-Karte 3630 OT Chamonix und 3531 OT St-Gervais oder (besser) 3530 OT Samoens.

An Wochenenden sollten Sie den Abschnitt bis **Planpraz** entweder in den frühen Morgenstunden begehen oder ganz meiden. Er zählt zum beliebtesten Teil des Grand Balcon Sud, denn es gibt keine Anstiege, dafür die besten Ausblicke.

Auf halber Strecke queren Sie die Alm **de Charlanon** (1.812 m). Zwischen großen Felsbrocken finden sich hier hübsche Plätze zum Zelten. Außerdem gibt es eine gefaßte Quelle. Hier treffen Sie auch auf die Wegabzweigung zum **Lac Cornu** und den **Lacs Noirs** (☞ Variante M).

🚠   **Planpraz** (2.080 m) ist die Mittelstation der Seilbahn zum Brévent. Wer die Umrundung abbrechen möchte, fährt ins Tal nach Chamonix zurück, wer diese Etappe abkürzen möchte, läßt sich zum Brévent hinauf befördern.

Auf einer kleinen Kuppe hinter der Mittelstation beginnen mehrere Wandermöglichkeiten. Wählen Sie die Richtung zum **Col de Brévent** (2.368 m). Wenn Sie den Paß erreicht haben, folgen Sie auf der Westseite des Bergkamms einem Pfad, der gemächlich ansteigend zum **Brévent**-Gipfel (2.526 m) führt. Nachdem Saussure auf den Brévent gestiegen war, schrieb er: "Ich war noch nicht an so ein großartiges Schauspiel gewöhnt...diese Sicht hat in meinem Gedächtnis einen unvergänglichen Eindruck hinterlassen...".

Der Brévent gilt als *der* Aussichtsberg im Tal von Chamonix, denn hier erwartet den Wanderer der wohl großartigste Einblick in die gesamte Westhälfte der Montblanc-Nordseite, verstärkt durch die riesigen Gletscher, die von seinem Gipfel ins Tal fließen. Eine Rast auf der Restaurant-Terrasse der Bergstation legt hier sicherlich jeder ein.

Vom Gipfel steigen Sie auf der Westseite des Kamms der Aiguilles Rouges bequem in nur 45 Minuten hinab zur **Bel Lachat-Hütte** (2.136 m). Die TMB-Route ist hier mit dem GR 5 identisch.

> ✍ Unterwegs zweigt rechts ein gelb markierter Pfad zum **Lac du Brévent** (2.127 m) ab, ein lohnender Abstecher, nicht nur wenn Sie schwarzblaue Wasserspiegel mögen.

🏠 Refuge de Bel Lachat, Georges Balmat, ☎ 04/50534323 + ☎ 50528002, 🗓 25. Juni-15. Sept., 30 Plätze in 3 Schlafsälen, ✕

Wer lieber in einem Hotel von Les Houches übernachten möchte und noch Kondition hat, kann in 2 Std. schnellen Abstiegs das Dorf erreichen.

Etappe 12: Refuge Bel Lachat - Merlet - Les Houches

⌛ insg. 3 Std.
　　Bel Lachat (2.136 m) - Merlet (1.580 m): 1½ Std. ⇩ 556 m.
　　Merlet - Bahnhof Les Houches (980 m): 1½ Std. ⇩ 600 m.
📖 IGN-Karte 3531 OT St.-Gervais oder 3530 OT Samoens.

Von der Refuge Bel Lachat nehmen Sie nicht den Steilabstieg nach Moussoux in östlicher Richtung, sondern folgen weiterhin in südwestlicher Richtung dem GR 5, bis Sie zu den zwei Weilern von **Merlet** (1.480 m) gelangen. Hier gibt es einen interessanten Wildpark.

🦌 *Parc Animalier de Merlet* mit Gemsen, Damhirschen, Mufflons, Murmeltieren, Steinböcken und sogar Lamas, ☎ 04/50534789, Mai-September 🗓 10:00-18:00, Juli/August 9:30-20:00, Eintritt FF 24.

An der Kapelle nach dem zweiten Weiler dreht der Weg leicht nach Süden ab und Sie erreichen den Waldgürtel. Kurz darauf taucht die Christus-Statue (*Christ Roi*) auf. Diese 14 m hohe Stahlbetonkonstruktion des Bildhauers

Serraz birgt im 6 m hohen Sockel eine Kapelle. Im Inneren führt eine Treppe empor.

In Serpentinen geht es weiter hinab bis zur **Arve**, wo sich der Bahnhof von **Les Houches** befindet. Werfen Sie noch einen letzten Blick auf den Montblanc, bevor Sie in den Zug einsteigen.

Les Houches

ℹ   Office du Tourisme, ☎ 04/50555062, FAX 50555316.

🛏   Reservationszentrale. ☎ 04/50555171, FAX 50555381.

♦   Hotel Beau Site im Zentrum, ☎ 04/50555116, FAX 50545311 (☞ Etappe 1).

⚠   Plaine St-Jean, ☎ 04/50472187, FAX 50472580.

       Le Petit Pont, ☎ 04/50544130 oder 50223249.

♦   Bellevue, ☎ 04/50544230.

Eine Vielzahl an Alpenblumen wächst im sumpfigen Tal des Lac Combal (S. 78)

Routenvarianten

▷ Variante A (Hauptroute)

Col de Voza - Bionnassay - Tresse - Les Contamines.

Vom Col de Voza überquert man die Gleise der Tramway du Montblanc und folgt dem GR 5 (E 2) in südlicher Richtung. Vorbei an den Hütten von **Abanel** kommen Sie zum Weiler **Le Crozat** (1.413 m) und folgen dann einem Fahrsträßchen bis in den idyllischen Ort **Bionnassay**.

🏠   Refuge-auberge de Bionnassay, ☎ 04/50934523, 🛏 ganzjährig.

    Von der Kirche wenden Sie sich ostwärts in Richtung des **Glacier de Bionnassay** und in weitem Bogen über den Gletscherbach. Nach der Brücke haben Sie einen phantastischen Blick auf das Tal von **Sallenches**. Westwärts führt der Weg ins Tal hinunter bis zum Weiler **Le Champel**, wo Sie sich in Richtung Süden orientieren, um ins Tal von **Contamines** zu gelangen.

📷   Bei klarem Wetter hat man einen ausgedehnten Weitblick über das Tal bis zum **Col de Bonhomme**.

    Ab **la Villette** folgen Sie der Fahrstraße, und über **la Gruvaz** geht es bis **Tresse**. Nach der Flußüberquerung setzen Sie die Wanderung teils über Fußwege, teils über Fahrstraße bis **Les Contamines** (1.161 m) fort.

▷ Variante B

Refuge de la Croix du Bonhomme - Les Chapieux

⧗   1½ Std.

Zunächst nur mäßig, dann immer steiler führt der Pfad abwärts zu den Almhütten von **Plan Varano** und **La Raja**. Ab dann wird der Weg breiter und knieschonender. **Les Chapieux** (1.550 m) steht am Anfang des tiefen Gletschertales, das sich zum Col de la Seigne hinaufzieht.

🏠   Auberge-refuge de la Nova, Anne-Marie Arpin, ☎ 04/79890715 + ☎ 79410487, 🛏 15. Mai-30. Okt., 3 Schlafsäle, 15 Zimmer, ⚐ ✕, Selbstversorgerküche.

Da die Talwanderung von Les Chapieux bis Ville des Glaciers nicht als besonders attraktiv zu bezeichnen ist, nehmen viele den Bus.

⧖ Von Les Chapieux 2 Std. bis zum Refuge des Mottets.

▷ Variante C

Balme - Lacs Jovet - Refuge Robert Blanc - Mottets

⧖   8 Std. ohne Refuge-Abstecher ca. 6½ Std.

Vom Refuge de la Balme (1.706 m) folgen Sie der TMB-Markierung bis Plan Jovet. Danach wenden Sie sich nach links und gelangen zu den Lacs Jovet (2.174 m), die durch phantastische Lichtspiegelungen begeistern.

Bis zum Col d'Enclave (2.672 m) sind es etwa 3 Std., ⇧ 966 m. Von dort erreichen Sie in 1¾ Std. den Bach Lanchettes (2.440 m). Am Bach führt eine Abzweigung zur Refuge Robert Blanc (2.750 m), ⇔ 1¾ Std., ⇧ 310 m, ⇩ 310 m.

🏠   Refuge Robert Blanc, ☎ 04/79072422, Handy ☎ 06/09402161.

Die Refuge les Mottets (1.870 m) ist nach weiteren 2 Std. erreicht.

▷ Variante D

Val Veni

Wer durch die Talsohle des Val Veni wandern möchte, hat die Möglichkeit, anstatt längs der vielbefahrenen Hauptstraße den Fußpfad auf der gegen-überliegenden Talseite zu nutzen. Bei dieser Talwanderung bieten sich wun-derschöne Einblicke in die Bergwelt der Montblanc-Südseite, die hier jäh ins Tal abfällt.

Beim Hotel Purtud existierte einst ein herrlicher Naturpark. Der gewaltige Felssturz von 1920 hat ihn zunichte gemacht. Ab hier muß man sich wieder mit der Straße begnügen. Berühmt ist die Wallfahrtskirche **Notre Dame de la Guérison**, die 1820 durch das Vorrücken des Brenvagletschers zerstört wurde. An höherer Stelle wurde sie wieder aufgebaut und 1867 eingeweiht.

Genießen Sie von hier den letzten Nahblick: auf den **Brenva**-Gletscher, auf die wilden Grate der **Grandes Jorasses**, der **Aiguille de Rochefort**, des **Dent du Géant** und des **Grand Flambeau**, wo die Seilbahn zum **Vallée Blanche** hinüberschwebt. Die Straße biegt nun steil nach Süden ab zum Zusammenfluß der **Doire de Veni** und **Doire de Ferret**. Der Name des dazwischenliegenden Dorfes **Entrèves** bedeutet "zwischen den Wassern".

⧗　　Lac Combal - Cormayeur ca. 4 Std., ➲ ca. 10 km

⛺　　Camping Monte Bianco La Sorgente, zwischen Purtud und Peuterey, ☎ 0165/869089.

◆　　Gîte-camping Val Veni, Enzo Pellina, ☎ 0165/89372 oder 841559, 15 Plätze, ✗, Selbstversorgerküche.

🛏　　Hotel Purtud, ☎ 0165/869084, FAX 869079, ab 55.000 Lire.

▷　Variante E (weniger Höhenmeter)

Seigne - Col di Chavannes - Arp superiore

Wenn Sie sich den Aufstieg über die l'Arp inferiore von fast 300 Höhenmetern zum aussichtsreichen Höhenweg über die l'Arp Vieille superiore und den Col Checroui ersparen möchten, können Sie unmittelbar beim Col de la Seigne von der Hauptroute nach rechts abbiegen.

Sie folgen dann dem Pfad nach Süden über den **Col di Chavannes,** am **Mont Percée** und **Mont Fortin** vorbei, bis Sie wieder auf die Hauptroute stoßen. Diese Variante eignet sich auch, wenn die Normalroute während der Hauptsaison zu stark frequentiert ist.

▷　Variante F

Über das Rifugio Monte Bianco nach Courmayeur,

⧗　　2½ Std. ⇩ 730 m

Col Chécroui - Rifugio Monte Bianco (1.650 m) - N.D. de la Guérison (1.444 m) - Courmayeur

🏠　　Rifugio Monte Bianco (CAI), Mario Champion, ☎ 0165/869097 + ☎ 768776, ▯ 15. Juni-10. Sept., 66 Plätze (Schlafsaal, Zimmer), ✗.

Blick auf die Refuge de la Balme in 1.706 m Höhe (S. 72)

▷ Variante G (🚌)

Abkürzung mit dem Bus bis **Planpincieux**. Von dort erfolgt der Aufstieg zur **Alpe Leuché** (1.923 m).

Sie queren nun den Nordhang des **Mont de la Saxe** auf halber Höhe über die **Alpe La Lèche** (1.902 m), **Armina** (2.009 m), **Sechéron** (1.924 m), **Malatrà** (2.056 m), **Gioé** (2.007 m) bis Sie schließlich zu den Alphütten Arnuva gelangen.

▷ Variante H

Petit Col Ferret

⧗   ca. 7 Std ⇔
Rifugio Elena (2.062 m) - Petit Col Ferret (2.490 m): 1¾ Std. ⇧ 428 m,
Petit Col Ferret - La Fouly (1.610 m): 2 Std. ⇩ 880 m.

Diese Route erfordert etwas Orientierungssinn und Trittsicherheit, ist aber weitaus weniger begangen als die Hauptroute.

Anstatt vom Rifugio Elena rechts zum Grand Col Ferret abzubiegen, halten Sie sich geradeaus. Bevor es steil und steinig zum Petit Col Ferret (2.490 m) hinaufgeht, passieren Sie idyllische Wollgraswiesen.

Vom Paß können Sie nun den Grat entlang über die **Tête de Ferret** (2.714 m) zum **Grand Col Ferret** traversieren. Oder Sie steigen direkt ab durch das Hochtal der **Combe des Fonds**.

Entlang eines Baches, vorbei am kleinen See **la Gouille** erreichen Sie schließlich die Häuser von **Léchère**.

🏠   Gîte la Léchère, ☎ 027/7833064, 35 Plätze, 🗓 Juni-Sept., ✕, Nacht sfr 20, mit HP sfr 46.

Nach Überschreitung der Drance können Sie entweder nach Ferret oder gleich nach la Fouly wandern. Die TMB-Route von dort bis Champex bietet vergleichsweise undramatische Ausblicke, zahlreiche kleine Dörfer laden zur Rast ein.

▷ Variante I (Hauptroute/Schlechtwetterroute)

Champex - Bovine - Col de la Forclaz

⏳ 5 Std.

Champex (1.466 m) - Bovine (1.987 m): 3½ Std, ⇩ 136 m, ⇧ 657 m,

Bovine - Col de la Forclaz (1.527 m): 1½ Std., ⇧ 460 m.

🛏 Hotel Col de la Forclaz, Jean-Claude Gay-Crosier, ☎ 027/7222688 + ☎ 7225553, 🍴 ganzjährig, 75 Plätze, Schlafsaal sfr 28, Zimmer ab sfr 34, ⛺ sfr 7, ✗

Diese Wanderung führt abseits der Eis- und Felsriesen, aber durchweg aussichtsreich über liebliche Walliser Täler bis hin zu den Berner Alpen. Bei Schlechtwetter ist es die einzig sichere Lösung zum Weiterkommen.

Von Champex geht es zunächst auf einem kleinen Fahrweg am Bachufer entlang flußabwärts nach **Champex d'en Haut**, dann an **Champex d'en Bas** vorbei. Hinter Champex d'en Bas biegen Sie links ab, überqueren eine Brücke und folgen dem breiten Weg bis zu einer Gabelung, bei der Sie sich nach rechts wenden.

Auf der Alp **Plan** mündet der Pfad in einen bequemen Waldweg, dem Sie bis in den Talgrund von **La Jure** (1.575 m) folgen.

Leicht ansteigend geht es weiter bis zur Hütte von **Bovine** (1.987 m). Diese große Almweide mit den vielen Buckelwiesen bietet genußreiche Aussicht von der Martigny-Region bis ins Mittelwallis, von den Walliser Alpen bis zu den Berner Alpen.

> ✎ Bei guter Sicht unbedingt zu empfehlen, ist der Abstecher von Bovine südwestwärts zum Kreuz von **Bovine** (2.259 m) oder zur **Pointe Ronde** (2.655 m, 2 Std.).

Hinter Bovine folgt **Portalo**, der mit 2.049 m höchste Punkt dieser Strecke. Vorbei an der Almhütte von La Giète, durch einen Waldgürtel hinab zum **Col de la Forclaz** (1.527 m).

🚌 Wer hier die Tour abbrechen möchte, kann per Postauto nach Martigny (Bahnanschluß) gelangen.

Die Gletscherzungen des Trientgletschers begleiten den Wanderer (S. 96)

▷ Variante J

Col de la Forclaz - Les Grands - Col de Balme

⧗   Col de la Forclaz (1.526 m) - Chalet du Glacier (1.583 m): 50 Min. ⇧ 57 m.
       Chalet du Glacier - Col de Balme (2.191 m): 3½ Std. ⇧ 666 m, ⇩ 58 m.

Vom **Col de la Forclaz** gehen Sie ein Stück der Bisse entlang zurück zur Brücke beim Chalet du Glacier. Hier wenden Sie sich westwärts und gelangen in Serpentinen aufwärts steigend zu den Hütten von **Les Grands**.

▐   Von hier aus haben Sie einen tollen Blick auf den **Grands**- und **Trient-gletscher**.

    Nun wandern Sie um den östlichen Sporn der Pointe du Midi herum in den kleinen Kessel von **La Remointse** (2.078 m). Danach macht der Pfad einen scharfen Knick und erreicht den **Col de Balme**.

▷ Variante K

Trient - Vallorcine - Col des Montets

⧗   insg. 5¼ Std., ⇧ 925 m, ⇩ 834 m

   Trient (1.326 m) - Catogne (2.050 m-2.011 m): 2¼ Std. ⇧ 724 m, ⇩ 39 m.

   Catogne - Gare de Vallorcine (1.260 m): 2 Std. ⇩ 751 m.

   Gare de Vallorcine - Col des Montets: 1 Std. ⇧ 201 m, ⇩ 44 m.

🛏   Chalet Skiroc, le Buet, ☎ 04/50546032.

♦   Gîte Saint-Louis, Plan Droit (Vallorcine), ☎ 04/50546137.

Von Trient folgt ein langer Aufstieg durch Wald bis zur Alp **Tseppes** (1.932 m). Ab der **Pointe du Van** bieten sich wieder aussichtsreiche Ausblicke, auf den Stausee **Lac d'Èmosson**, das **Tenneverge**-Massiv, das Tal von **Bérard** und den **Mont Buet**.

   Vorbei an den Hütten von Catogne (2.011 m) gelangen Sie nach Vallorcine (Bahnanschluß). Folgen Sie nicht der Hauptstraße zum **Col des Montets**, sondern gehen Sie auf der linken Seite des Talbachs und der Eisenbahnlinie.

Lac Blanc

▷ Variante L

Col des Montets - Lac Blanc - Flégère

⧖   4½-5 Std.

Von Tré-le-Champ müssen Sie zunächst ein Stück entlang der Hauptstraße
Richtung Col des Montets gehen. Unterhalb der Paßhöhe können Sie bei
einem Parkplatz (1.430 m) auf den *Sentier botanique*, auf einen Waldlehrpfad, links abbiegen. Dieser mündet in den Panoramaweg **Grand Balcon Sud**,
dem Sie nun links folgen.

✤   Col des Montets (1.461 m)

Es lohnt ein Abstecher zum **Col des Montets**, da hier das **Forschungs-
chalet des Naturschutzgebietes der Aiguilles Rouges** steht (☞ Naturschutz). Der Park wurde 1974 als *Réserve Naturelle* angelegt und will eine
bessere Naturkenntnis fördern. Das Chalet zeigt Ausstellungen und Dia-
vorträge zu Fauna, Flora und Geologie der Region. Auf einem **ökologischen
Lehrpfad** kann ein idyllischer See, in dem sich die **Aiguille Verte** spiegelt,
umrundet werden.

Das Naturschutzgebiet umfaßt einen großen Teil des Massivs der
Aiguilles Rouges (3.278 ha). Die wilde Nordseite konnte ihre Einsamkeit
größtenteils bewahren. Auf der Südseite geht es, besonders an Wochenenden, weitaus belebter zu, denn hier verläuft der gut ausgebaute Wanderweg **Grand Balcon Sud**.

Vom **Col des Montets** steigen Sie über den gut markierten Weg auf eine
Felsstufe in den Aiguilles Rouges hoch. Vorbei an einem der beiden winzigen
Tümpel von La Remua, weiter über Les Deviets (2.053 m) kommen Sie zu
einer Weggabelung. Hier wenden Sie sich rechts hinauf entlang der hügeligen
Umgebung der **Seen von Chéserys**. Ein idyllischer Ort zum Picknicken. Wenn
es warm ist, kann ein kühles Bad gewagt werden.

Am letzten See führt der Pfad direkt am Ufer entlang. Nun sind es nur
noch ungefähr 20 Minuten bis zum **Lac Blanc** (2.352 m). Der klare See ist

unbeschreiblich schön, besonders bei Sonnenuntergang, wenn sich die rot beleuchteten Gipfel im Wasser spiegeln.

🏠 Refuge-chalet du Lac Blanc, J.-Charles Sage, ☎ 04/50534914 + ☎ 50472449, 📅 15. Juni–Sept., 30 Plätze in Mehrbettzimmern, ✗, Selbstversorgerküche. Diese Unterkunft liegt einzigartig, die Atmosphäre ist herzlich, die Mehrbettzimmer richtig gemütlich. Nur der Preis von ca. DM 80 (FF 270 incl. HP) ist etwas utopisch.

Der Abstieg vom Lac Blanc nach **Flégère d**auert nur 45 Minuten.

▷ Variante M

Flégère - Lac Cornu - Lacs Noirs - Planpraz

⌛ insg. 4¼ Std., ⇧ 740 m, ⇩ 537 m, mit Lacs Noirs 5½ Std. ⇧ 878 m, ⇩ 675 m.
La Flégère (1.877 m) - Col du Lac Cornu (2.414 m): 2¾ Std. ⇩ 65 m, ⇧ 602 m.
Col du Lac Cornu - Lac Cornu (2.276 m): 30 Min. ⇩ 138 m, ⇧ 138 m.
Lac Cornu - Lacs Noirs (2.500 m): 1¼ Std. ⇧ 224 m, ⇩ 186 m.
Col du Lac Cornu - Planpraz (2.080 m): 1 Std. ⇩ 334 m.

Diese Route bietet neben dem berühmten Blick auf das Montblanc-Massiv zur Abwechslung auch einmal einen Blick auf die andere Seite. Die Seen in der Nordflanke der Aiguilles Rouge-Kette liegen vielleicht sogar noch romantischer als der Lac Blanc.

Auf dem bequemen Grand Balcon Sud wandern Sie Richtung Planpraz bis zur **Alm Charlanon**. Hier wenden Sie sich rechts in sehr steilem Zickzack über den **Arrêt sup. de Charlanon** bis zum flachen Sattel im breiten Gratrücken. Wem dieser Aufstieg zu schwierig erscheint, der kann den leichteren Weg von Planpraz nehmen.

Vom Col du Lac Cornu eröffnet sich ein erster Blick auf den See, in der Ferne erhebt sich die Felsbarriere der **Montagne d'Anterne**. Der sichelförmige Hornsee (**Lac Cornu**) mit seinen kleinen Wasserarmen wird oft noch von Schnee umrahmt, was die Wegfindung (rote Markierung) etwas erschweren und zu einer Rutschpartie führen kann.

Ein gelb markierter Weg führt zu den **Lacs Noirs**: queren Sie zunächst die Nordflanke der Aiguille Pourrie, dann geht es den breiten Gratrücken weiter in einer Einsattelung, bis Sie schließlich nordwärts unmittelbar auf den oberen der beiden Seen stoßen. Entlang dieser Strecke bieten sich immer wieder bezaubernde Tiefblicke auf den Lac Cornu.

✎   Gipfelabstecher

▶   Einfach: Vom Col du Lac Cornu nordostwärts kann auf gut sichtbarem Pfad in 15 Minuten die **Aiguille le Pourrie** (2.562 m) bestiegen werden, von wo sich ein herrlicher Blick auf den Lac Cornu bietet.

▶   Schwierig: Vom Paß in die andere Richtung, westwärts auf dem weglosen, zerklüfteten Grat kann in etwa 45 Min. die **Aiguille de Charlano** (2.552 m) bestiegen werden.

Fremdsprech

Französisch

Wandern

Aiguille	Nadel	Lac	See
Avalanche	Lawine	Montagne	Berg
Averses	Niederschläge	Moraine	Moräne
Belvédère	Aussichtspunkt	Neige	Schnee
Brèche	Scharte	Névé	Schnee-, Firnfeld
CAF	Club Alpin Francais	Orage	Gewitter
CAI	Club Alpin Italien	Piolet	Eispickel
Cairn	Steinmann	Refuge	Hütte
CAS	Club Alpin Suisse	Rivière	Fluß
Cascade	Wasserfall	Ruisseau -	Bach
Chemin	Weg	Rue	Straße
Chute de pierre	Steinschlag	Selle	Sattel
Chute de serac	Eisschlag	Sommet	Gipfel
Col	Paß, Joch	Source	Quelle
Collet	kleiner Paß	Télésiege	Sessellift
Descente	Abstieg	Télépherique	Seilbahn
Eau potable	Trinkwasser	TMB	Tour du Mont-Blanc
Glacier	Gletscher	TPMB	Tour du Pays du Mont-Blanc
Gorges	Schlucht	Torrent	Wildbach
Gouffre	Kluft	Vallée	Tal
GR - Grande Randonnée (Weitwanderwege)		Vie Ferrate	Klettersteig

Weitere nützliche Ausdrücke

Auf Wiedersehen	Au revoir
Bäckerei	Boulangerie
Bahngleis	Voie
Bahnhof	Gare
Briefmarken	Timbres
Buchhandlung	Librairie
Danke	Merci
Frühstück	Petit déjeuner

Guten Tag/guten Morgen	Bonjour
Mittagessen	Déjeuner
Um wieviel Uhr kommt der Bus?	À quel heure arrive le bus?
Wasser	Eau
Wo ist...?	Où est...?
Wo sind die Toiletten?	Où sont les toilettes?
Sprechen Sie Deutsch?	Parlez-vous allemand?
Warum?	Pourquoi
Wann?	Quand
Zugfahrkarte	Billet de train

Italienisch

Abfahrt	partenza
Ankunft	arrivo
Brief	lettera
Briefkasten	la buca (delle lettere)
Danke	grazie/mille grazie/grazie tanto
Ein ruhiges Zimmer?	una camera tranquilla
Fahrkarte	un biglietto
Feiertag	giorno festivo
Ferngespräch	communicazione interurbana
Frühstück	prima colazione
Geldwechsel	il cambio
Geradeaus	tutto diritto
Gibt es warmes Wasser?	c'è acqua calda?
Haben Sie nichts Billigeres?	non ha niente che costa di meno?
Hin und zurück	andata e ritorno
Ich möchte Reiseschecks einlösen	vorrei cambiare die traveller's cheques
Ist es weit?	è lontano?
Können Sie mir den Weg nach...zeigen?	sai indicami la direzione per...?
Links	a sinistra
Post	officino postale
Postkarte	cartolina postale

Rechts	a destra
Schlüssel	la chiave
Sprechen Sie Englisch/Deutsch?	parla inglese/tedesco?
Stadtplan	la pianta della città
Toilette	gabinetto
Wann?	quando?
Wann fährt der nächste?	quando parte il prossimo?
...der letzte?	...l'ultimo?
Warme Duschen	docce calde
Warum?	perché?
Was kostet das?	quanto costa?
Wie?/Wie bitte?	come?
Wieviel?	quanto?
Wir haben reserviert	abbiamo prenotato
Wo? Wo ist?	dove?/dov'é?
Wo ist bitte die Bushaltestelle...?	per favore, dov'é la fermata...?
Wochentag	giorno feriale
Zelt	tenda

Literatur

Merkwürdigerweise gibt es im deutschsprachigen Raum keinen detaillierten Führer über die doch so berühmte Tour du Mont-Blanc. Einzig der Bergverlag Rother (München) führt zwei Bücher mit Tagestouren im Montblanc Gebiet:

▶ Montblanc-Gruppe, Bergwanderführer, von Paul Werner, mit Wanderkarte 1: 50.000, 3. Aufl. 1987, 160 Seiten, 40 Abb., ISBN 3-7633-3415-7, DM 24.80.

▶ Rund um den Montblanc, von Hartmut Eberlein, 2. Aufl. 1998, 128 Seiten, 54 Abb., ISBN 3-7633-4077-7, 19.80 DM.
Hier wird die "Tour du Mont-Blanc" auf zwei Doppelseiten erwähnt. Man kann sie sich dann anhand der vorgestellten Tagesrouten zusammensuchen.

▶ Die Zeitschrift Berge widmet das Heft Nr. 7 (August 84) dem Montblanc. Auf drei Doppelseiten wird auch die "Tour du Mont-Blanc" beschrieben.

▶ Der Bergsteiger am Montblanc schlechthin heißt Walter Bonatti. Seine Bücher: Große Tage am Berg und Faszination Montblanc, Albert Müller Verlag, Rüschlikon, Zürich.

▶ In den Buchläden und Souvenirshops von Chamonix gibt es außerdem noch touristische Broschüren in deutscher Übersetzung über die wichtigsten Sehenswürdigkeiten im Montblanc-Gebiet.

Führer in französischer Sprache

▶ Le tour du Mont-Blanc, Pierre Millon, Édition Glénat, Grenoble 1999, ISBN 2-7234-2685-8. Ein phantastisches Buch mit schönen Fotos, guten Kartenskizzen und ausführlicher Routenbeschreibung. Das große Format ist nur für den Rucksack etwas unhandlich.

▶ Tour du Mont-Blanc, Topo-Guide, Les Sentiers de Grande Randonnée, Réf. 028, FFRP (Fédération Francaise de la Randonnée Pédestre) Paris 1999, ISBN 2-85699-760-0. Die Kartenskizzen sind den IGN-Karten entnommen, nicht ganz so übersichtlich gestaltet, handliches, formbares Format, 26,40 DM.

Allgemeiner Reiseführer

▶ Französische Alpen, Michelin-Reiseführer, ISBN 2-06-230101-4.

Index

Alle Bücher aus dem Conrad Stein Verlag

OutdoorHandbücher
Basiswissen für Draussen

Band		DM
1	Rafting	12,80
2	Mountainbiking	12,80
3	Knoten	12,80
4	Karte Kompaß GPS	14,80
5	Eßbare Wildpflanzen	12,80
6	Skiwandern	12,80
7	Wildniswandern	12,80
8	Kochen	12,80
9	Bergwandern	12,80
10	Solo im Kanu	12,80
11	Kanuwandern	14,80
12	Fotografieren	12,80
13	Wetter	12,80
14	Allein im Wald	12,80
	- Survival für Kinder	
15	Wandern mit Kind	12,80
	zu Fuß · per Rad · mit Kanu	
16	Sex-	12,80
	Vorbereitung Technik Varianten	
20	Wüsten-Survival	14,80
21	Angeln	14,80
22	Leben in der Wildnis	14,80
24	Ratgeber rund ums Wohnmobil	14,80
25	Wale beobachten	14,80
30	Spuren & Fährten	14,80
31	Canyoning	14,80
34	Radwandern	14,80
35	Mushing - Hundeschlittenfahren	14,80
36	Gesund unterwegs	12,80
39	Erste Hilfe	14,80
45	Solotrekking	12,80
48	Für Frauen	12,80
58	Fahrtensegeln	14,80
65	Seekajak	12,80
	Ausrüstung Technik Navigation	
68	Minimal Impact	12,80
	Outdoor - naturverträglich	
69	Abenteuer Teeniegruppe	12,80
70	Wintertrekking	12,80
72	Schnorcheln und Tauchen	12,80
73	Trekkingreiten	14,80
77	Wohnmobil in USA	19,80
	und Kanada	
86	Regenwaldexpeditionen	14,80
94	Wattwandern	14,80

OutdoorHandbücher
Der Weg ist das Ziel

Band		DM
17	Schweden: Sarek	24,80
18	Schweden: Kungsleden	22,00
19	Kanada: Yukon	22,00
23	Spanien: Jakobsweg	24,80
26	West Highland Way (Schottland)	22,00
27	John Muir Trail (USA)	22,00
28	Landmannalaugar (Island)	22,00
29	West Coast Trail (Kanada)	22,00
32	Radtouren in Masuren (Polen)	24,80
33	Trans-Alatau (GUS)	22,00
37	Kanada: Bowron Lakes	22,00
38	Polen: Kanutouren in Masuren	24,80
40	Trans-Korsika - GR 20	24,80
41	Norwegen: Hardangervidda	24,80
42	Nepal: Annapurna	22,00
43	Schottland: Whisky Trail	14,80
	- Speyside Way	
44	Tansania: Kilimanjaro	24,80
49	USA: Grand Canyon Trails	22,00
50	Kanada: Banff & Yoho	22,00
	Nationalpark-Tageswanderungen	
51	Tasmanien: Overland Track	22,00
52	Neuseeland: Fiordland	22,00
53	Irland: Shannon-Erne	22,00
54	Südafrika: Drakensberge	22,00
55	Spanien: Pyrenäenweg GR 11	22,00
56	Polen: Drawa	19,80
57	Kanada: Great Divide Trails	22,00
59	Kanada: Wood Buffalo NP	19,80
60	Kanada: Chilkoot Trail	22,00
61	Kanada: Rocky Mountains	22,00
	- Radtouren	
62	Irland: Kerry Way	22,00
63	Schweden: Dalsland-Kanal	24,80

☺ **Weitere Bände in Vorbereitung. Fordern Sie unseren aktuellen Verlagsprospekt an.**